KLEINE AUSZEITEN
IN

-BERLIN & BRANDENBURG MIT SPREEWALD-

KLEINE AUSZEITEN
IN

-BERLIN & BRANDENBURG MIT SPREEWALD-

PETRA LUPP · MARTIN KLUG

WOCHENEND & WOHNMOBIL

CAMPING- & STELLPLÄTZE · HIGHLIGHTS · AKTIVITÄTEN

BRUCKMANN

INHALT

Bei Sonnenuntergang den Tag ausklingen lassen

FLÄCHENLAND MIT PULSIERENDER MITTE

Brandenburgs natürliche Umarmung von Berlin

Brandenburgs Seen, immer wieder ein Genuss für Körper, Geist und Seele

Zwei Bundesländer, eine gemeinsame Klammer: Brandenburg umschließt Berlin vollständig aus allen Himmelsrichtungen, Berlin bleibt in vielerlei Hinsicht immer Zentrum. Bei aller Unterschiedlichkeit verbindet beide, hochattraktive Ziele für eine Reisemobil-Wochenendtour zu sein. Kaum angekommen, ist Verlängerung oder Wiederholung vorprogrammiert.

WENN DER VERGLEICH HINKT

In ihrer Bedeutung als Bundeshauptstadt ohnehin nicht vergleichbar mit anderen deutschen Großstädten, hat sich Berlin eine hochinteressante Mischung aus Metropole und Kiez bewahrt. Das Lebensgefühl in Berlin, so sagen langjährige Bewohner, sei nirgendwo so ausgeprägt und vielfältig wie hier. Der scheinbar unmögliche Spagat zwischen demonstrativ zur Schau gestellter Weltoffenheit und Fokussierung auf das eigene Quartier gelingt mit bekannter Lässigkeit. Stadtteile mit sehr unterschiedlichen Akzenten treffen aufeinander und grenzen ab. »Berlin-Einsteiger« sind oftmals überrascht vom Wechselbad der Gefühle, wenn sie Kreativmilieus, Migrationsviertel, bürgerliche Statuszonen, Plattenbausiedlungen und grüne Stadt-Oasen mit ländlichem Touch durchfahren. »Dat is Berlin, wa?!« bekommt man dann als unbeeindruckte Antwort zu hören.

Der Übergang nach Brandenburg bliebe fast unbemerkt, wenn nicht Schilder die Landesgrenze markieren würden. Je weiter die Fahrt von der City wegführt, desto wahrnehmbarer werden die Unterschiede. Die konzentrierte Angespanntheit beim Wohnmobilfahren in Berlin weicht einer wohltuenden Leichtigkeit mit jedem Kilometer mehr. »Es kann so einfach sein«, ist Brandenburgs Marketing-Slogan und zielt allgemein auf einen höheren Bekanntheitsgrad und im Besonderen auf die Sehnsucht nach einem naturnahen Leben, der Besinnung auf Werte und Freiräume.

Schon der Vergleich beider Regionen auf Basis der reinen Fakten hinkt bis zur absoluten Bewegungslosigkeit: Berlin 3,8 Millionen Einwohner, Brandenburg 2,5 Millionen. Berlin 900 km² Fläche, Brandenburg 30 000 km². Ergibt eine Bevölkerungsdichte von über 4 000 Einwohnern in Berlin, in Brandenburg von 85 Einwohnern pro km². Diese Zahlenspielerei ließe sich beliebig fortsetzen, zeigt aber bereits jetzt das Ungleichgewicht, das bei genauerem Hinsehen seinen ganz spezifischen Reiz entfaltet.

STADT, LAND, FLUSS IM WECHSELSPIEL

Größer kann der Kontrast nicht sein: raus aus dem hektischen Stadttreiben, rein ins beschauliche Naturparadies Brandenburg. »Grenzübertritte« in beide Richtungen kommen einer Achterbahnfahrt der Gefühle gleich. Bereits der Übergang von der Großstadt Berlin zur Großstadt Potsdam ist ein Eintauchen in eine völlig andere Welt. Beide Städte eint die Nähe – dann wird es schon schwieriger mit Gemeinsamkeiten. Das Kulturangebot in Berlin ist ein randvoller Schmelztiegel, der facettenreicher kaum vorstellbar ist und nie versiegt. Manch Brandenburger in ländlicheren Gebieten würde sich von dieser Wahl sicher gerne quälen lassen. Potsdam wiederum als brandenburgische Landeshauptstadt bietet einerseits das historische Erbe preußischer Schlösser und Gärten, andererseits modernes Kunst- und Kulturleben.

Obwohl Berlin trotz dichter Bebauung überraschend viele Grünflächen hat, fühlt sich das Flächenland Brandenburg wie ein einziges Naturschutzgebiet an. Ein Nationalpark, drei Biosphärenreservate und elf Naturparks lassen erahnen, was hier im Mittelpunkt steht. On top kommt noch ein UNESCO Weltnaturerbe. Das Landschaftsbild ist zugleich breit gefächert: Großflächige Auen- und Wiesenlandschaften, ungezählte Seen- und Teichgebiete, ursprüngliche Wälder, Wasserlabyrinthe und Renaturierungsflächen von Bergbauarealen.

Natur erleben beim Fahrradfahren auf dem Deich.

Reichstag in Berlin, ein Muss für Berlin-Einsteiger

REIN INS KÜHLE NASS

Um den Stadt-Land-Fluss Vergleich zu Ende zu bringen, fehlen noch die Wasseradern, die Berlin und Brandenburg durchziehen. Hier sind sich beide im Verhältnis ähnlicher als angenommen. Berlin ist eine Wasserstadt. Mit Spree, Havel, Dahme und 50 Seen braucht die Metropole den Vergleich zu Brandenburg nicht scheuen. Auch Brandenburger Naturbadestellen und klares Wasser von ausgezeichneter Qualität laden ein, sich zu erfrischen. Erfreulich dabei: Sie sind frei zugänglich. Freizeitkapitäne kreuzen über Seen, Schlauchbootfahrer und Kanuten paddeln grenzenlos, einzig von Schleusen unterbrochen, die Flüsse entlang und alle erfreuen sich an diesem riesigen Wassererlebnispark.

Berlin und Brandenburg sind bei allem, was sie trennt und verbindet, Urlaubsregionen der Premiumklasse. Vom Kiez zum Kiebitz und zurück, vom Kranich zum Ku´damm. Currywurst in Wedding und Chill-out im Fläming. All das entspannt genießen zu können, wenn nach einem erlebnisreichen Aktivtag zu Fuß, auf dem Rad, beim Klettern oder Kanufahren der Komfort des fahrbaren Hotels verwöhnt, macht das Wohnmobil zum perfekten Reisebegleiter.

Hausboot oder Kanu, hier gibt es Wasserspaß für alle.

DIGITALE NOMADEN IM LOCH

Was in Berlin kein Thema ist, kann in Brandenburg zum Problem werden. Kann, muss aber nicht. Der Vorsatz, für eine Wochenend-Auszeit einmal abzuschalten, würde konsequenterweise auch den Off-Schalter von Smartphone, Laptop & Co beinhalten. Den Wenigsten gelingt das ein ganzes Wochenende lang, Berufstätige mit drängenden Terminen können erst gar nicht anders. Dann ist es wichtig zu wissen, dass der Gebrauch von Telefonie und schnellem Internet in den Weiten Brandenburgs – nun, sagen wir – optimierbar ist. Selbst der Hinweis auf vorhandenes WLAN von Stell- und Campingplätzen ist unter dem Aspekt des Machbaren zu deuten. Das Sich-zurückversetzt-fühlen in die frühen Zeiten der elektronischen Kommunikation bietet bei allem temporären Frust aber auch eine Chance auf die Rückbesinnung von Prioritäten. Wer sich vorbereitet und bewusst darauf einlässt, kann sich ganz der Erholung widmen.

HIGHLIGHTS JENSEITS DER NATUR-OASEN

Von der Grube zum Naturschutzgebiet, vom Bergmann zum Seemann. Der Strukturwandel ist in Brandenburg vielerorts zu Hause. Entstanden ist eine spannende und interessante Zeitreise, die an unterschiedlichen Orten zu entdecken und überregional als Brandenburger Industriekultur zusammengefasst ist. Meistens zum Mitmachen, auf jeden Fall immer lehrreich und mit viel Herzblut entstanden, eignen sich die gut erhaltenen Industriedenkmäler hervorragend, um tiefer in die Geschichte, aber auch in die Zukunft Brandenburgs einzutauchen.

HISTORISCH UND BEKANNT

Viele Städte beherbergen wahre Schätze, wenn es um historische Gebäude, intakte Stadtmauern oder Gärten, Schlösser und Herrenhäuser geht. Da lohnt ein Blick in den Stadtplan und ein Spaziergang entlang der oft sorgfältig ausgearbeiteten und ausgeschilderten Stadtrouten. Zu treffen sind immer wieder beeindruckende Zeugnisse oder Bauwerke berühmter Söhne Brandenburgs wie Theodor Fontane und Architekt Karl Friedrich Schinkel, beide in Neuruppin geboren. Die Stadt Brandenburg an der Havel ist stolz auf den Humoristen Vicco von Bülow, bekannt als Loriot.

SINNE SCHÄRFEN, IM WALD BADEN

Während das Wasser oft und viel beschrieben und gelobt wird, bietet Brandenburg zudem zahlreiche Wälder, die selbstverständlich ebenso ihre Bewunderer haben. Ausgedehnte Wanderungen auf beschilderten Wegen, Waldbaden, meditieren oder den gesundheitlichen Effekt von Wald und Frischluft spüren. Erholung steht an erster Stelle, Brandenburgs Waldgebiete laden gerne dazu ein.

Für alle »Bergsteiger« noch gut zu wissen: Im Wettstreit mit dem Hagelberg bei Bad Belzig steht der Kutschenberg bei Großkmehlen im Landkreis Oberspreewald/Lausitz, beide mit etwas über 200 Meter ü. NHN, um den Titel Brandenburgs höchster Berg. Höher geht es hier leider nicht hinaus, außer auf dem Berliner Fernsehturm.

◀ Brandenburgs Industriekultur – echte Highlights ▶ Waldbaden und Auszeit

WAS WIR UNS DABEI DENKEN

Während unserer intensiven Recherchetouren durch Berlin sowie Brandenburgs Landkreise und Städte erlebten wir Genuss pur und positive Überraschungen am laufenden Band. Übrigens, was man in Berlin mit all seinen touristischen Hotspots zu kennen glaubt, erweist sich im Nachhinein als sehr kleines Puzzleteil eines facettenreichen Gesamtbildes. Beide, Berlin und Brandenburg, bieten so viel mehr als die kurze Wochenendreise mit dem Wohnmobil abdecken kann. Eine herausragende Bedeutung kommt dem Spreewald zu. Seine Einzigartigkeit mit dem faszinierenden Wasserlabyrinth, angereichert mit zahlreichen Mythen und Legenden, üben nach wie vor eine starke Anziehungskraft auf seine Besucher aus.

In zwölf Kapiteln führen wir Sie einmal im Uhrzeigersinn in diesem Gebiet herum. Bedingt durch die geographische Lage, unterstellen wir den meisten Wohnmobilisten die Anreise aus südwestlicher Richtung. Los geht's im Fläming. Gegen Ende unserer Rundreise und als Höhepunkt kommen wir nach Potsdam und Berlin. Nehmen Sie unsere Anregungen zum Anlass, Neues zu entdecken und Ihre ganz persönlichen Reise-Favoriten kennenzulernen.

Ein Novembertag im Spreewald erwacht.

Abwechslungsreiches Aktivangebot

MODULARES KENNENLERNEN IM DOPPELPACK

Wir sind für Kommentare, Anregungen und Kritik dankbar, wenn sie konstruktiv sind, und nehmen diese gerne zum Anlass, an uns zu arbeiten. Die Idee, Ihnen mit diesem Wohnmobil-Reiseführer den Appetit auf die kleine Auszeit am Wochenende anzuregen, ist charmant und realisierbar. Unberücksichtigt bleibt die Tatsache, dass beide attraktiven Urlaubsdestinationen viel mehr als das verdient haben: Ein Wochenende genügt selbst für die kleinste Region nicht! Es kann jedoch der Anfang einer innigen Beziehung sein.

Sämtliche hier vorgestellten Gebiete lassen sich einzeln anfahren, partiell genießen und miteinander kombinieren. Der Fokus liegt auf der Erreichbarkeit der Sehenswürdigkeiten vom Stell- bzw. Campingplatz aus. Aktives Erleben steht im Vordergrund. Zahlreiche Destinationen eignen sich hervorragend zum Entdecken mit Kindern. Oft können Kanu, Hausboot, Velo, Pony & Co. vor Ort ausgeliehen oder im Rahmen von organisierten Touren genutzt werden. Die Auswahl der Wohnmobilplätze ermöglicht unkompliziert das flächendeckende Freizeiterlebnis. Touristische Anbieter richten ihr Angebot zunehmend auf Familien und hundebegeisterte Reisemobilisten aus. Saisonzeiten mischen sich, ehemals reine Sommer und Sonne-Campingziele werden verstärkt auch für die Nebensaison inklusive Winter entdeckt. Ausprobieren lohnt sich, machen Sie dieses Büchlein gerne zur Ganzjahreslektüre!

Energie tanken beim Radfahren

VANLIFE FÜR ALLE

Nicht das Sterne-Gütesiegel oder der abgeschiedene Naturstandort waren entscheidend für die Platzselektion, sondern der Nutzen für den Tourenzweck. Das Spektrum reicht daher vom kostenlosen Stellplatz ohne Wohnmobileinrichtungen bis zum Komfort-Campingplatz mit allen Annehmlichkeiten. Ihre Freiheit, einen individuellen Favoriten anzusteuern, bleibt davon unberührt. Empfehlungen für Freisteherplätze geben wir bewusst nicht. Der verantwortungsbewusste Umgang mit Übernachtungsorten, die nicht ausdrücklich verboten sind, verbleibt in der eigenen Entscheidung. Eignungstests hinsichtlich Mobilkategorie und Lebensgefühl wurden nicht gemacht. Vom Luxusliner über den Teilintegrierten bis zum Bullibus – Camper-Zielgruppen sind so heterogen wie die dargestellten Landschaften. Abgrenzungen zwischen Wohnmobilreisenden und Vanlifern sind keine Frage von Budget oder Alter, sondern von Einstellung. Die überwiegend benutzten Begriffe »Wohn- bzw. Reisemobil« werden von uns deshalb synonym für alle Arten von Campingfahrzeugen verwendet.

WIE SIE UNS LESEN

Die vorgestellten Stell- und Campingplätze sind grundsätzlich kostenpflichtig, ansonsten mit entsprechendem Hinweis versehen. Die Bezeichnung »komplette Infrastruktur« soll die lange Auflistung sämtlicher Ausstattungsangebote eines Stell- bzw. Campingplatzes verkürzen und bedeutet, dass mindestens die Basis-Versorgungseinrichtungen zur Verfügung stehen. Dies sind insbesondere V/E (Versorgung/Entsorgung), Strom, Sanitäreinheit (WC/Dusche, Wasch-/Geschirrspülbecken), Waschmaschine/Trockner, WLAN. Zusätzliche Einrichtungen wie z.B. Gastronomie, Minimarkt, Sport- und Freizeitangebote werden extra erwähnt. Wenn nur partiell Basis-Versorgungseinrichtungen vorhanden sind, werden diese in Abgrenzung zur »kompletten Infrastruktur« einzeln aufgeführt. Die angegebenen GPS-Daten orientieren sich an markanten Abzweigungen zu den Stell- und Campingplätzen, wo immer dies die Auffindbarkeit erleichtert. Ansonsten bestimmen die Koordinaten die jeweilige Haupteinfahrt zum StP/CP. Beschriebene Empfehlungen, Eindrücke und Wertungen basieren naheliegenderweise auf unserer subjektiven Wahrnehmung; bei diesem Buchumfang können sie selbstredend nicht vollständig sein. Ob sie Ihrem Anspruch gerecht werden, entscheiden Sie selbst. Den Anfang haben wir gemacht, ab jetzt übernehmen Sie.

Wir wünschen Ihnen traumhafte Auszeiten vom Alltag, wunderschöne Reisemomente in Berlin und Brandenburg sowie allzeit gute Fahrt!

Petra Lupp und Martin Klug

◀ Radeln nach Zahlen ▶ Ruheoase gefunden

FAMOSE FREIZEIT-REGION FLÄMING

Erlebnis-Naturparadies für aktive Geniesser

Herrliche Weitsicht vom Baumkronenpfad Beelitzer Heilstätten

1

Einfach mal raus und alle Sinne spüren! Das ist die Absicht, wenn der Fläming als Reiseziel auf dem Programm steht. Eingegrenzt von der Elbe im Westen und dem Spreewald im Osten, nur einen Gartenzaun von Potsdam und Berlin entfernt, wartet eine attraktive Freizeitregion mit einem prall gefüllten Aktivitätenprogramm.

SPASS AUF ROLLEN UND RÄDERN

Freizeit aktiv, einzigartig und faszinierend erleben - das ist auf dem 230 Kilometer langen Asphaltband in Europas Skate Region Nr. 1 auf perfekte Weise möglich. Alles, was Rollen und Räder hat, ist hier auf der Flaeming-Skate willkommen. Und wirklich alle sind auf der Piste: Inline-Skater, (E-Bike-) Fahrradfahrer, Skate-Boards, Skiroller, Liegerad, Stepperbikes, Skikes, Rollfiets und Rollstuhlfahrer.

»Black Ice« nennen Skater-Fans ihren allerliebsten Asphaltbelag und reisen dafür aus ganz Europa an. Geschwindigkeit ist ebenso erlaubt wie das langsamere Dahingleiten, genussvolles Erleben jedoch für alle garantiert. Acht unterschiedlich anspruchsvolle Rundkurse von 11 bis 92 Kilometern Länge führen kreuz und quer durch die ländliche Idylle. Eingegrenzt von den größeren Ortschaften Jüterbog, Luckenwalde, Baruth und Dahme führen die Strecken durch das Baruther Urstromtal und den Niederen Fläming, vorbei an Wäldern, Feldern und Wiesen. Die zwei bis drei Meter breiten Wege sind autofrei, hervorragend ausgeschildert und ein großer Spaß auch für Familien.

Unterwegs sorgen gemütliche Gaststätten und urige Biergärten für eine verlockende Kompensation verlorengegangener Kalorien. Zahlreiche Verleihstationen entlang der Routen machen Interessierten den Einstieg in das rollende Vergnügen leicht. Wer sich hingegen als fortgeschrittener Skater mal so richtig verausgaben will, findet in der Skate-Arena Jüterbog seine Herausforderung.

HANNIBAL, KASPER UND WILLI

Mit diesen drei Herren kommt in Kontakt, wer als Eselnomade auf dem Rücken der Langohren den Fläming auf ungewöhnliche Weise entdeckt. Ob als Schnupperkurs, Halbtages- oder Mehrtagesausflug, sich in der Natur treiben zu lassen, sich auf den Rhythmus der Tiere einzulassen und die Ent-

schleunigung zu spüren, ist Entspannung pur. Begleitet werden die Touren von einem ausgebildeten Wanderleiter und Natur- und Landschaftsführer. So bereichern neben der Erfahrung, in unserem durchgetakteten Alltag die Zeit in der Langsamkeit neu zu spüren, auch die Informationen über die herrliche Umgebung jede Eselsexkursion. Wer möchte, kann zusätzlich Einblick erhalten in Abläufe wie Auf-/Absatteln, Fellpflege, Aufhalftern, Füttern und Hufkontrolle.
Start und Ziel sämtlicher Eselerlebnisse ist der Ortsteil Neuendorf in Brück (Mark) an der Schnittstelle des südlich angrenzenden Naturparks Hoher Fläming und des östlich liegenden Nuthe-Nieplitz Naturparks. Er liegt damit inmitten des Dreiecks der hier vorgeschlagenen Übernachtungsplätze und lässt sich perfekt in die Wohnmobiltour integrieren. (eselnomaden.de)

SPARGEL AUS BEELITZ steht für Liebhaber der weißen Stangen als Synonym für Genuss, der Ort selbst bezeichnet sich offiziell als »Spargelstadt«. In einer historischen Remise der Altstadt gelegen, ermöglicht das Spargelmuseum einen tiefen Einblick in die Geschichte des Edelgemüses. Es informiert über Botanik, Technologie des Spargelanbaus, Heilkunde in Verbindung mit Spargel und über die wirtschaftliche Bedeutung für die Region. Zusammengefasst ist es eine Ode an den Spargel als Quelle grenzenloser Gaumenfreuden. Übrigens: Wer am ersten Juni-Wochenende in der Region ist, sollte sich das lebendige Spargelfest nicht entgehen lassen, an dem die Altstadt zu einer einzigen Party- und Genussmeile wird. (beelitz.de)

HOCH ÜBER DEN HEILSTÄTTEN

22 Meter über dem Boden, 800 Meter lang, auf Augenhöhe mit altehrwürdigen Laub- und Nadelbaumgewächsen, mit wunderbaren Ausblicken auf und über den historischen Krankenhauskomplex in seinen weitläufigen Wald-Parkanlagen: Wer sich auf den hölzernen Baumkronenpfad der Beelitzer Heilstätten begibt, verschafft sich zunächst einen Überblick, um sich anschließend bei geführten Touren durch das Gebäude-Ensemble in die wechselvolle Geschichte dieses Ortes zu vertiefen. 1902 als Arbeiter-Heilanstalt für Lungentuberkulose und Sanatorium für nicht ansteckende

Lost-Places – oder besser, gesicherte Plätze in den Heilstätten Beelitz

Krankheiten gestartet, wurden die Heilstätten bis zu ihrer Auflösung 1994 von unterschiedlichsten Betreibern für ihre Zwecke genutzt. Zeitmaschine Alpenhaus, Durch die Alte Chirurgie, Drei Gebäude – so heißen einige der einstündigen, auf 30 Teilnehmer begrenzten Führungen. Die Erläuterungen zum Heilstättenalltag, vom Leben der Patienten zwischen Liegehallen und Badesaal, sind eine hochspannende Zeitreise in die Vergangenheit. Frühzeitige Reservierung ist empfehlenswert, das Tragen eines Helms verpflichtend. Insbesondere Fotofreunde und Lost Places-Fans werden den morbiden Charme der Ruinen sehr lieben.

RAUS AUS DEN SCHUHEN

Der Barfußpark Beelitz ist ein 15 Hektar großer Erlebnispark in einem Mischwald neben den Heilstätten. Drei Kilometer Wegstrecke mit unterschiedlich weichen bis harten Untergründen führen an 66 Naturerlebnis-Stationen vorbei. Themenspezifische und miteinander kombinierbare Rundwege widmen sich der Körpersensibilisierung, Natur, Achtsamkeit, Entschleunigung und Ruhe. Bodenkontakt haben, geerdet sein und die Lebendigkeit der Fußsohlen fühlen – das wirkt befreiend, nicht nur für die Füße, sondern auch für den Kopf! Wer diese herrliche Auszeit vom eingeengt Sein nachspüren möchte, schließt seinen Besuch in den Cafés oder beim selbst mitgebrachten Picknick im Park ab.

Schloss Wiesenburg mit gepflegtem Schlosspark

EINE AUSZEIT für Geist und Seele bietet der Schlosspark Wiesenburg an. Seltene Baumformationen, die Farbenpracht der gepflegten blühenden Gärten, Teiche, Fasanerie, ein Wegesystem mit Ruhebänken und verschiedenen Sichtachsen – all das verleitet zum Genusswandeln durch dieses Zeugnis alter Gartenkunst. Die Touristinfo Wiesenburg vermittelt auch Führungen.

Tipp

Im Naturparkzentrum in Rabenstein (Ortsteil Raben) erwartet den Besucher eine sehr interessante Erlebnisausstellung rund um den Hohen Fläming. In der integrierten Touristinfo sind gute Tipps für Exkursionen und im Hofladen regionale Produkte erhältlich. Fahrräder mieten ist vor Ort möglich, der »Garten der Sinne« lädt anschließend zur erholsamen Rast ein. Wer das Wohnmobil einmal geparkt lassen möchte, kann mit dem fünf Mal täglich verkehrenden Burgenbus (burgenlinie.de) von Bad Belzig direkt zum Naturparkzentrum fahren. (hoher-flaeming-naturpark.de; flaeming.net)

1

VORWÄRTS NUR MIT WADE UND OBERARM

Als Freiherr Drais von Sauerbronn im Jahre 1817 das nach ihm benannte Schienengefährt für Instandsetzungsarbeiten der Eisenbahn erfand, konnte er nicht ahnen, welches Freizeitvergnügen er 200 Jahre später damit schuf. Am Draisinenbahnhof Zossen, nur 40 Kilometer südlich von Berlin-Mitte, starten die verschiedenen Erlebnistouren mit kleinen Hebel- und Fahraddraisinen. Ab dem Draisinenbahnhof Mellendorf, fünf Kilometer südwestlich gelegen, kann dann auf die großen Hebeldraisinen umgestiegen werden. Zur Wahl stehen Halb- und Ganztagesausflüge, jeweils mit Erfrischungsunterbrechungen und erweiterbar um Spaßfahrräder und Hydrobikes am Zielort. Während die einen strampeln und hebeln, können die anderen Passagiere den Fahrtwind und die vorbeiziehende Landschaft genießen; jedoch sollte dabei die Rückfahrt mit dann wechselnden Teams nicht vergessen werden. (erlebnisbahn.de)

FLÄMING + FAHRRAD = FUN!

Radfahren im Fläming ist noch viel mehr als Flaeming-Skate: Auf den gut ausgebauten Radwegen dieser überwiegend flachen Region haben selbst Fahrradpuristen wieder ein Dauerlächeln im Gesicht, wenn sie mühelos an E-Bike-Fahrern vorbeiradeln.

Die Radroute Historische Stadtkerne erstreckt sich zwar über 300 Kilometer ab und bis Potsdam, lässt aber jederzeit den Einstieg in interessante, auch familienfreundliche Etappen zu. So sind beispielsweise mit Ziesar,

◀ Naturparkzentrum in Raben ▶ Regionale Produkte im Kellershop

Treuenbrietzen, Jüterbog und Luckenwalde entlang der Streckenführung im Fläming sehenswerte Orte zu entdecken.
Auf der 30 Kilometer langen Kulinarischen Radtour von Beelitz nach Trebbin kommen Fläming-Radler zu unterschiedlichsten Saisonzeiten im wahrsten Wortsinn auf den Geschmack. Von Spargel-Delikatessen im Frühjahr über Hofverkäufe regionaler Obstsorten im Sommer bis zu Kürbisspezialitäten im Herbst ist Appetitliches stets garantiert.
Die Geschichte der Reformation aus der Zweirad-Perspektive zu entdecken, gelingt bestens auf dem 48 Kilometer langen Luther-Tetzel-Weg. Vom Start an der Nikolaikirche in Jüterbog bis zum Ziel an der Schlosskirche in der Lutherstadt Wittenberg gibt es Kreuzungspunkte mit anderen Radrouten. Das ermöglicht den perfekten Einstieg von den hier beschriebenen drei Fläming-Übernachtungsplätzen.

KÜHLE FASSBRAUSE an einem familiären Ort genießen, das ist beim historischen Wasserturm in Niemegk möglich (50 Fahrradminuten südöstlich von Bad Belzig). Das kleine Museum gewährt einen Einblick in die Geschichte der leckeren Limonade, der Hofladen offeriert regionale Produkte aus der Manufaktur. Holunder-Leberwurst und Waldmeisterbrause? Probieren! (getraenke-hoehne.de)

◀ Wanderwege kreuzen Radwege ▶ Eiscafé zur Postmeile Bad Belzig

◀ Jüterbog – eine Stadt mit historischem Stadtkern ▶ Achtung: Skater kreuzen!

Tipp

Der Spaziergang vom Stellplatz an der Steintherme bis zu den hübsch restaurierten Backsteingebäuden von Bad Belzig mit gemütlichem Innenhof in der Bahnhofstraße 16 verspricht mindestens 25 Minuten reine Vorfreude: Im Eiscafé »Zur Postmeile« locken bis zu 24 köstliche, hausgemachte Eisspezialitäten. Aber auch Kaffee- und Teevariationen, selbstgebackene Kuchen und Torten, eigengebraute unfiltrierte Biersorten und ein traditionell hergestellter Whisky lassen gewiss keine Gaumen unbefriedigt zurück (eiscafe-bad-belzig.de).

HISTORIE UND HOCHPROZENTIGES

Im Siechenhaus des Zisterzienserklosters Zinna befindet sich die Kräuteressenz-Herstellung, die den legendären Likör »Zinnaer Klosterbruder« hervorgebracht hat. Nach dem Eintauchen in die Geschichte der Mönche, die das Museum im alten Abtshaus eindrucksvoll wiedergibt, darf der Kräuterlikör (dessen Verkostung im Eintrittspreis enthalten ist) entlang der Geschmacksknospen der Zunge abtauchen. Der Abstecher nach Zinna bietet sich auch als Pause während einer Flaeming-Skate Tour nahe Jüterbog an. (kloster-zinna.com)

1

EINE PFERDESTÄRKE SPÜREN

Ein Naturerlebnis besonderer Art ist das Kennenlernen des Flämings hoch zu Ross. Gerade Anfänger werden auf dem Rücken eines alles verzeihenden Islandpferdes völlig neue Eindrücke wahrnehmen; und mit der »Tölt« bezeichneten Gangart für fast erschütterungsfreies Reiten gibt es auch keine Ausrede mehr. Interessanter Nebeneffekt: Der Umstieg vom PS-starken Reisemobil auf die einfache Pferdestärke lässt die Kennziffer für Kraft in einem ganz neuen Licht erscheinen.

Der Fläming verfügt über ein gut ausgeschildertes Reitwegenetz, etliche Pferdehöfe laden zu Schnupperausritten bis hin zu ausgedehnten Reitrundwegen ein. Exemplarisch sei der Reiter- und Erlebnisbauernhof in Groß Briesen genannt (45 Fahrradminuten nordwestlich vom Stellplatz Bad Belzig). Islandpferde und Ponys stehen bereit, um Reitanfängern, Späteinsteigern und Fortgeschrittenen, aber auch Kindern in Begleitung erfahrener Reitlehrer eine unvergleichliche Fläming-Erfahrung zu ermöglichen. (reiterhof-gross-briesen.de)

GIPFELKREUZ FÜR FLACHLANDWANDERER

Dass eine so zauberhafte Region zugleich auch eine hervorragende Wanderlandschaft sein muss, ist naheliegend. Dass sie auch mühelos zu erklimmen ist, lässt sich am zweithöchst gelegenen Gipfelkreuz Brandenburgs festmachen: Der nur wenige Kilometer westlich vom Stellplatz Bad Belzig befindliche Hagelberg hat mit 200,3 m ü. NHN jedoch 70 Höhenzentimeter weniger als der Kutschenberg im Oberspreewald. Geschenkt! Bekanntlich hat die Qual, wer die Wahl hat. Zahlreiche themenspezifische und leicht gehbare Strecken wetteifern um die Gunst des Wanderfreunds, für zeitlimitierte Genießer lohnen sich auch kurze Teilabschnitte. Beispielhaft stehen dafür die Rundwege Kindererlebnispfad in Dippmannsdorf (3 km), Findlingswanderweg in Medewitz (15 km) und Burgenwanderweg (147 km) in Bad Belzig oder aber der Kunstwanderweg (37 km) von Bad Belzig nach Wiesenburg. (wandern-im-flaeming.de)

Im Naturpark Nuthe-Nieplitz ist der erste Anlaufpunkt das Naturparkzentrum am Wildgehege Glauer Tal in Trebbin (OT Blankensee). Mittels einer kostenfreien, offline nutzbaren App lassen sich abwechslungsreiche, familienfreundliche Touren erwandern. (naturpark-nuthe-nieplitz.de)

▲ Zisterzienserkloster Zinna ◀ Baumkronenpfad ▶ Hofladen mit regionalen Produkten im Spargelhof Klaistow

AUF EINEN BLICK

Info

STADT/REGION: Fläming
BESTE REISEZEIT: Frühjahr bis Herbst
OPTIMALE REISEDAUER: 2–3 Tage
TOURISTINFO: Tourismusverband Fläming, Zum Bahnhof 9, 14547 Beelitz, Tel. 033204/62 870, info@reiseregion-flaeming.de, reiseregion-flaeming.de

SEHENSWÜRDIGKEITEN

FLAEMING SKATE: Am Nuthefließ 2, 14943 Luckenwalde, Tel. 03371/60 81 341, flaeming-skate@teltow.flaeming.de, flaeming-skate.de
BEELITZ HEILSTÄTTEN UND BAUMKRONENPFAD: Straße nach Fichtenwalde 13, 14547 Beelitz-Heilstätten, Tel. 033204/63 47 23, info@baumundzeit.de, baumundzeit.de
BARFUSSPARK BEELITZ HEILSTÄTTEN: Tel. 0162/29 09 999, kontakt@derbarfusspark.de, derbarfusspark.de
SCHLOSSPARK WIESENBURG: Schlossstraße 1, 14827 Wiesenburg/Mark, Tel. 033849/30 980, info@schlosspark-wiesenburg.de, schlosspark-wiesenburg.de
JÜTERBOG: Mönchenkirchplatz 4, 14913 Jüterbog, Tel. 03372/46 31 13, stadtinformation@jueterbog.de, jueterbog.de
NATURPARKZENTRUM HOHER FLÄMING: Brennereiweg 45, 14823 Rabenstein/Fläming OT Raben, Tel. 033848/60 004, info@flaeming.net, www.flaeming.net

FLÄMING CAMPING OEHNA

ADRESSE: Am Freibad 2, 14913 Niedergörsdorf/OT Oehna, Tel. 033742/61 632, info@camping-flaeming-oehna.de, flaeming-camping-oehna.de
ANFAHRT: Der CP liegt etwas außerhalb von Oehna (Landstraße Oehna-Bochow) in direkter Nachbarschaft zum Freibad.
GPS: 51.932272, 13.062013
Von Anfang April bis Ende Oktober geöffneter, familiärer Campingplatz mit großen Parzellen für 35 Mobile auf Wiesenuntergrund. Komplette

◀ Campingplatz Oehna ▶ Stellplatz Steintherme Bad Belzig

Infrastruktur, Bistro, Sportplätze, großes Erlebnisfreibad angrenzend. Ruhige Lage umgeben von Feldern und Wäldern. Direkter Einstieg ab CP in die 230 km langen Flaeming-Skate Rundkurse.

STELLPLATZ SPARGELHOF KLAISTOW

ADRESSE: Glindower Straße 28, 14547 Beelitz/OT Klaistow, Tel. 033206/61 070, info@buschmann-winkelmann.de, spargelhof-klaistow.de

ANFAHRT: Von BAB 10 Ausfahrt Glindow auf Landstraße nach Klaistow oder von BAB 9 Ausfahrt Beelitz Heilstätten über Fichtenwalde nach Klaistow

GPS: 52.294452, 12.859977

Von April bis Jahresende geöffneter Stellplatz für 30 Mobile auf Sanduntergrund an der Peripherie des großen PKW-Parkplatzes (nachts ruhig). V/E, Strom, WLAN. Verschiedene gastronomische Einrichtungen und Hofladen auf dem Erlebnishof vorhanden (dort auch WC-Nutzung). Durchführung zahlreicher Freizeitaktivitäten wie Kletterpark und Tiergehege, für Groß und Klein direkt ab Stellplatz möglich.

STELLPLATZ AN DER STEINTHERME

ADRESSE: Am Kurpark, 14806 Bad Belzig, Tel. 033841/38 800, info@steintherme.de, belzig.com

ANFAHRT: In Bad Belzig den Wegweisern zur Therme auf der B246 stadtauswärts folgen und am Ortsende links in Am Kurpark abbiegen

GPS: 52.150929, 12.600976

Ganzjährig geöffneter Stellplatz für 12 Mobile auf befestigtem Untergrund. V/E, Strom. Wenige Schritte vom Thermalsoleheilbad entfernt. Guter Standort für die Besichtigung der historischen Altstadt und Nutzung des Wander- und Radwegenetzes des Naturparks Hoher Fläming.

HAVELLAND FÜR NEUGIERIGE

Dem Flusslauf folgen, reizende Städte entdecken

Altstadtinsel Werder an der Havel

2

Die Havel hat viele attraktive Gesichter. Diese zu erkunden ist im westlich von Berlin gelegenen Havelland ein ganz besonderes Erlebnis. Werder, Brandenburg und Rathenow laden zu Altstadtbummel beziehungsweise Bootstouren ein. Die Döberitzer Heide und der Sternenpark bieten ruhige Relax-Orte in der Natur.

Nachdem die 334 Kilometer lange Havel die Großstädte Berlin und Potsdam durchflossen hat, durchzieht dieser beachtliche und bei Wassersportlern beliebte Nebenfluss der Elbe einen Teil Brandenburgs. Für aktive Wohnmobilisten ein Eldorado, um Fahrräder, SUPs oder Kanus ein- bzw. vor Ort auszupacken. Einerseits reguliert durch Schleusen und für die Berufsschifffahrt verbunden durch Kanäle, sucht sich der Fluss zudem seinen Weg durch zahlreiche Seen. Die überall zu findenden, idyllischen Flusslandschaften machen das Havelland wohltuend und sympathisch. Das beruhigende Plätschern des Wassers, kombiniert mit Erholung und Sport, runden die kleine Auszeit perfekt ab.

CHARMANTES KLEINOD MIT ESPRIT

Beim beherzten Gang über die Brücke fühlt man sich auf der historischen Altstadtinsel von Werder an der Havel in eine andere Zeit versetzt. Das Wohnmobil parkt mit Kurzparkticket Unter den Linden 1 links vor der Brücke, die, wie könnte es anders sein, über einen Arm der Havel führt. Schon gleich rechts wartet das erste Fotomotiv mit Kirche, Bockwindmühle und Schilf. Das Kopfsteinpflaster könnte Geschichten erzählen, der Bummel über die Insel mit Bauten wie dem Lendelhaus & Historische Saftfabrik, 1789 errichtet, fasziniert. Es ist klein und fein, zugegebenermaßen ein Touristenmagnet und am Wochenende beliebter Treffpunkt für Familien und Freunde. Fisch essen, Eis schlecken, Kaffee trinken, Jachten und Paddelbooten beim Schippern zuschauen oder selbst dem Wassersport frönen, alles ist hier möglich. Wer es am Abend ruhiger mag, fährt zum Übernachten zu Van Dam's Kirschenhof in Plötzin. Dem Werderobst ist übrigens ein eigener Panoramaweg gewidmet. Der langjährigen Obstanbautradition gerecht werdend, lässt das vielfältige Angebot bei Hof- und Saisonverkaufsstellen die Herzen von Genussmenschen höherschlagen.

2

VOR 800 JAHREN kam der Weinbau durch Siedler vom Niederrhein und aus Franken sowie durch Zisterzienser aus dem Burgund nach Brandenburg. Auf dem Werderaner Wachtelberg erfolgte 1985/86 eine Neuaufrebung, seit 2002 wird der Wein zusätzlich zum Flaschenverkauf auch in der Straußwirtschaft Weintiene mit Blick auf die Rebstöcke und die Havellandschaft zwischen Ostern und Oktober ausgeschenkt. (weinbau-lindicke.de)

WANDERN IN HERRLICH RUHIGER NATUR

Das Wisent findet hier eine Heimat, Wildpferde genießen die Heide, Rotwild findet Freiraum und Nahrung, während der lockere Sandboden jeden Hall der Wanderschritte aufnimmt. Die Natur überträgt die Stimmung von Ruhe und Weite. Hetze ist hier fehl am Platz. Sielmanns Naturlandschaft Döberitzer Heide in Elstal ist vor den Toren Berlins ein großzügiges Ausflugsziel mit einem 22 Kilometer langen Rundwanderweg um die Kernzone. Entstanden aus einem ehemaligen Militärgelände, ist die Natur unter der Aufsicht der Heinz Sielmann Stiftung nun Herrscher des Geschehens. Hunde sind an der Leine zu führen, Fahrräder sind erlaubt, aber auf dem Sandboden schwierig zu fahren. Der große Parkplatz am Eingang lässt im Anschluss auch gleich den Besuch bei Karls Erdbeerhof zu, der mit Spielflächen, Shops und Gastronomie das krasse Gegenteil zur ruhigen Naturlandschaft darstellt.

ROLAND, LORIOT UND WASSERSPORT

Im über tausendjährigen Brandenburg an der Havel begegnet man den knuffigen Skulpturen der Waldmöpse, Kunstfiguren des gebürtigen Brandenburgers Loriot. So auch am Altstädtischen Rathaus von 1468, das zur Europäischen Route der Backsteingotik gehört. Davorstehend symbolisiert Roland der Neustadt (1474) die städtischen Freiheiten und gilt als Symbol des Königsschutzes über Märkte. Mit dem Fahrrad lassen sich vom Wohnmobilstellplatz Stadtmarina am Silokanal die drei historischen Stadtkerne mit Alt- und Neustadt sowie die Dominsel bestens erkunden. Einen idyllischen Platz zum Verweilen mit Blick aufs Wasser, vielleicht sogar für einen romantischen Sonnenuntergang, findet man bestimmt.

◀ Altstädtisches Rathaus mit Roland ▶ Waldmops von Loriot

Wassersport-Enthusiasten sind hier genau richtig, ist das Gebiet doch größtes europäisches Binnenwasser-Sportrevier. Ob mit eigenem Kanu, gemietetem Boot oder entspannt per organisierter Schifffahrt – das Wasser ist das alles beherrschende und übergreifende Element für Ausgleich und Wohlbefinden. Geschichtlich ist die Stadt zudem Namen gebend für das Bundesland Brandenburg als Wiege der »Mark«.

Tipp

Buddhisten backen, Kuchenfans stehen Schlange! In Päwesin, auf dem Weg von Elstal Richtung Brandenburg an der Havel, bietet Backwahn, der Backshop, betrieben von der Buddhistischen Klosterschule Ganden Tashi Choeling, täglich besondere Köstlichkeiten an. (www.tashi-choeling.de/backwahn.html)

FRÜHER WAREN-UMSCHLAGSPLATZ, heute Ablegestelle der Nordstern Flotte: Das Salzhofufer in Brandenburg/Havel! Die große, zweieinhalbstündige Seenrundfahrt auf der »Fritze B« bietet herrliche Eindrücke der Stadt sowie Blicke auf Seen und Flusslandschaften der Brandenburger Niederhavel. Bei schönem Wetter ist ein Platz auf der Sonnenterrasse geradezu Pflicht. Mit Glück sieht man Libellen, Fischreiher oder Eisvögel, Schwäne und Gänse. Sie fühlen sich im flachen Wasser der Kanincheninsel am Breitlingsee besonders wohl.

◀ Flusslandschaft im Havelland ▶ St. Marien-Andreas-Kirche Rathenow

OPTIK, SPASS UND ALTSTADTINSEL

Rathenow an der Havel ist geschichtsträchtiger, als man auf den ersten Blick erahnen mag. So steht die Stadt für optische Traditionen, immerhin sind die Rathenower optischen Betriebe durch Lieferungen von Leuchtfeuer mit Linsensystemen weltweit bekannt. Das Optik-Industrie-Museum befindet sich im Dachgeschoss des Kulturzentrums. Der heute in brandenburgischen Landesfarben strahlende Leuchtturm am Optikpark, ein ehemaliges Molenfeuer aus Warnemünde, kam 2009 zurück »nach Hause«. Die Altstadtinsel mit der St. Marien-Andreas-Kirche ist gut zu Fuß erreichbar, wenn man vom Stellplatz Am Stadtkanal Richtung Optikpark läuft. Ein genauer Blick in die im 12. Jahrhundert als kreuzförmige romanische Basilika errichtete und im 14. Jahrhundert mit gotischem Chor ergänzte Kirche lohnt. Die BUGA 2015 hat auch in Rathenow ihre besuchenswerten Spuren hinterlassen. Der Optikpark bietet wunderschön gestaltete, blühende Gärten, das größte Brachymedial-Fernrohr, Ruhe-Oasen und Spielplätze, eine vergnügliche Floßfahrt oder wieselflinke Nutrias zum Beobachten. Die Weinbergbrücke bereichert noch heute die Stadt und verbindet den Optikpark mit dem alten Friedhoff und wieder zurück bis zur Altstadtinsel und den Schleusenspuckern.

DAS HAVELRESTAURANT Schwedendamm in Rathenow unweit des Optikparks überzeugt ab dem frühen Abend mit herrlicher Sonnenterrasse, Havelblick und deutscher sowie mediterraner Küche. (havelrestaurant-schwedendamm.com)

KLARE SICHT TROTZ VÖLLIGER DUNKELHEIT

Schon mal von Lichtverschmutzung gehört oder diese bewusst wahrgenommen? Ist keine vorhanden, bedeutet dies, Streulicht fehlt und deshalb erstrahlt der Nachthimmel umso heller und die Milchstraße ist gut sichtbar. Live zu erleben ist dies im Sternenpark Westhavelland. Wichtig dabei ist: Was tagsüber einfach brandenburgische Wiesen und Felder darstellt, wird nachts, bei klarem Himmel, zum Naturerlebnis der besonderen Art. Der Sternenpark Westhavelland bei Parey ist ein sogenanntes frei zugängliches Nachtschutzgebiet und kostet keinen Eintritt. Zusätzlich bietet die Beobachtungsstation Sternenblick Parey wetterabhängige und wetterunabhängige Vorträge und Infoveranstaltungen rund um das Erlebnis Dunkelheit an. Wer mit dem Wohnmobil kommt, ist auf den Mobilstellplätzen im Sternenpark am Sportplatz Gülpe ganz nahe dran!

Tagsüber brandenburgische Wiesen und Felder, nachts Sternenpark

AUF EINEN BLICK

Info

STADT/REGION: Havelland
BESTE REISEZEIT: Frühjahr bis Herbst
OPTIMALE REISEDAUER: Wochenende
TOURISTINFO: Neustädtischer Markt 3, 14776 Brandenburg an der Havel, Tel. 03381/79 63 60, info@stg-brandenburg.de, erlebnis-brandenburg.de

SEHENSWÜRDIGKEITEN

ALTSTADTINSEL WERDER/HAVEL: Unter den Linden 4 (Wohnmobilstellplatz), 14542 Werder, Tel. 03327/78 33 72 (Touristinfo), tourismus@werder-havel.de, werder-havel.de
SIELMANNS NATURLANDSCHAFT DÖBERITZER HEIDE: Zur Döberitzer Heide 10, 14641 Wustermark OT Elstal, Tel. 05527/91 44 30, naturlandschaften@sielmann-stiftung.de, sielmann-stiftung.de
RATHAUS BRANDENBURG/HAVEL: Altstädtischer Markt 10, 14770 Brandenburg, Tel. 03381/580, info@stadt-brandenburg.de, stadt-brandenburg.de
OPTIKPARK RATHENOW: Schwedendamm 1, 14712 Rathenow, Tel. 03385/49 850, kontakt@optikpark-rathenow.de, optikpark-rathenow.de

STELLPLATZ AN DER STADTMARINA

ADRESSE: Am Hafen 7, 14770 Brandenburg/Havel, Tel. 03381/89 08 100, info@stadtmarina-brandenburg.de, stadtmarina-brandenburg.de
ANFAHRT: Innerstädtisch den Wegweisern zur Stadtmarina folgen, durch das Wohngebiet und am Stellplatz links entlang bis zur Parkfläche vor der Rezeption
GPS: 52.424041, 12.554275
Ganzjährig geöffneter, schön angelegter Stellplatz für 25 Mobile auf Rasenuntergrund. Komplette Infrastruktur, Snackbar, Fahrrad-, SUP- und Bootsverleih. In ruhiger Lage am Hafenbecken der Stadtmarina mit Blick auf den Silokanal, nahe Beetzsee gelegen. ÖPNV-Anschluss beim nahen Supermarkt, die Neustadt ist in 20 Gehminuten erreichbar.

◀ Van Dam's Kirschenhof in Plötzin ▲ Stadtmarina Brandenburg/ Havel ▼ Rathenow am Stadtkanal

STELLPLATZ VAN DAM'S KIRSCHENHOF

ADRESSE: Plötziner Chaussee 3, 14542 Plötzin, Tel. 0173/88 39 506, vandamskirschenhof@gmail.com, vandamskirschenhof.de

ANFAHRT: Auf halber Strecke zwischen Plötzin und der B1 (bei Plessow) auf der linken Seite

GPS: 52.372265, 12.846536

Von Anfang April bis Anfang Oktober geöffneter, familiär geführter Stellplatz für ca. 15 Mobile auf Rasen. V/E, Strom, WC/Dusche, WLAN. In ruhiger Lage im hinteren Teil eines Obsthofes gelegen. Lohnend ist der Besuch zum Baumblütenfest Ende April. Verkostung hausgemachter Produkte in idyllischer Atmosphäre unter Süßkirschenbäumen. Guter Standort für Radfahrten nach Werder (7 km) und Potsdam (14 km).

STELLPLATZ AM STADTKANAL RATHENOW

ADRESSE: Baustraße, 14712 Rathenow, Tel. 03385/51 49 91, tv@westhavelland.de, westhavelland.de

ANFAHRT: Von der Steinstraße in die Baustraße abbiegen, am Ende der Grünanlage (Edwin-Rolf-Platz) rechts

GPS: 52.607139, 12.335434

Ganzjährig nutzbarer, gebührenfreier Stellplatz für acht Mobile (mehr in Planung) auf gepflastertem Untergrund. V/E, Strom. Am Stadtkanal gelegen, naher ÖPNV-Anschluss, nur 5 Minuten Gehweg zur Altstadtinsel (Kirchplatz) bzw. 15 Minuten zum Optikpark.

UNBEKANNTES TERRAIN PRIGNITZ

Symbiose aus Weite, Wiesen, Wasser und Wald

Biosphärenreservat Flusslandschaft Elbe

3

70 brandenburgische Elbkilometer im UNESCO Biosphärenreservat Flusslandschaft Elbe laden zu erholsamen Rad- und Entdeckungstouren sowie Spaziergängen ein. Bad Wilsnack lockt mit Therme und Saline, in Prignitz' Norden begeistern Wälder und Klosteranlagen nahe Pritzwalk laden zum Waldbaden, zur Besinnung und zum Pilgern ein.

ZWISCHEN MÜRITZ UND ELBE

Touristisch bekannter sind die Elbe und die Müritz. Die brandenburgische Landschaft dazwischen heißt Prignitz und hat für Kurzurlauber und Ruhesuchende ideale Voraussetzungen und trotzdem ein lebendiges Angebot: Radeln nach Zahlen auf dem weitläufigen wie ausgeklügelten Radwegenetz, Wandern auf markierten Wegen oder einfach der Nase nach und die Natur genießen. Denn während Berlin mit über 4 000 Menschen pro Quadratkilometer dicht besiedelt ist, sagt die Zahl 36 in der Prignitz schon sehr viel aus über die Bevölkerungs-»dichte« - oder eher über herrliche Weiten. Ein stärkendes Wochenende oder ein Urlaub als Auszeit ohne Alltagstrubel - hier ist es möglich.

NATUR LIVE ERLEBEN

Bundesländerübergreifend ist das UNESCO Biosphärenreservat Flusslandschaft Elbe mit 282 250 ha das größte im Binnenland gelegene in Deutschland. Rund 19 % der Fläche befindet sich in Brandenburg und bildet auf 70 Elbkilometern naturnahe Lebensräume, typische Fluss- und Auenstrukturen sowie ein einzigartiges Ökosystem. Hochwasserschutz und Deichbau gehören zur Kulturgeschichte und nach wie vor zum täglichen Leben. Schwarzmilan, Störche, Schmetterlinge oder Eisvögel, Libellen und Graureiher, um nur einige aufzuzählen, nennen die geschützte Natur ihren Lebensraum. Wer mit offenen Augen und Ohren spazierengeht oder über die gut ausgebauten Deiche seine Radtour genießt, wird Zeuge des Lebens im Einklang von Mensch und Natur. Denn eine nachhaltige Regionalentwicklung, Forschung und ökologische Umweltbeobachtungen sowie Umweltbildung und Kommunikation stehen im MAB (Man and the Biosphere) Programm der UNESCO. Informativ sind die Haltepunkte Natur, die mit Aussichtsplattformen ausgestattet sind.

3

DIE ZEIT BLEIBT STEHEN

Das 1996 ausgezeichnete europäische Storchendorf Rühstädt blickt mit Stolz auf die immer wiederkehrenden Weltenbummler der Lüfte. Die Störche ziehen im Frühling ein und im Herbst aus, das NABU Besucherzentrum informiert über Adebar und seine Gewohnheiten und gibt naturkundliche Informationen zur Region. Zu erkunden ist Rühstädt zu Fuß oder auf der Fahrradtour »Adebar« mit Start am Bahnhof Bad Wilsnack über Groß Lüben bis nach Rühstädt, weiter entlang von Elbe und Havel bis Abbendorf und dann zurück nach Bad Wilsnack.

DEICHRADTOUR ZUM VERLIEBEN

Elbe- und Havel-Radtour vom Feinsten – dieses Prädikat zeichnet die rund 25 Kilometer lange Route (einfache Strecke) zwischen dem Storchendorf Rühstädt und der Hansestadt Havelberg aus. Deiche, Flussauen und Weideflächen bilden die Oasen für Vögel und Insekten, die Ruhe und das dahinfließende Wasser begeistern und entschleunigen die Fahrradfans. Hervorzuheben ist das Gnevsdorfer Wehr am Knotenpunkt 42, der Hochwasserschutzbau zwischen Elbe und Havel. In unmittelbarer Nähe wird am Deich von der Abbendorfer Imkerei unter anderem leckerer Raps-Honig verkauft, zu finden in einer markierten Holzkiste am Wegesrand! Empfehlenswert ist es, die Hinfahrt links an der Havel entlang und die Rückfahrt der Sonne entgegen auf dem Elbdeich, also zwischen Elbe und Havel, zu absolvieren. So gibt es immer wieder sich veränderte

◀ Abendspaziergang entlang der Elbe ▶ Storchendorf Rühstädt

Meditation in der Natur – Schafen beim Grasen zuschauen

Eindrücke. Sehenswert sind zudem die Haltepunkte Natur »Lennewitzer Eichen«, »Napoleons Elbfurt« sowie der Haltepunkt »Zwischen Elbe und Havel – Vogelwelt auf dem Mitteldeich«, jeweils mit Aussichtsturm und Informationen.

Der Radweg auf dem Deich führt in der anderen Richtung nach Wittenberge und ist Teil der ausgewiesenen Radwege Tour Brandenburg, Radtouren Historische Stadtkerne und natürlich vom Elbe-Radweg.

RADELN NACH ZAHLEN in der Prignitz ist ein ausgeklügeltes und ausgeschildertes, 1100 Kilometer langes Radwegenetz der Region. Zum Vorabplanen und für erste Orientierungen bietet die umfassende Homepage Routentipps sowie interessante Downloadlinks mit Karten und Tourentipps an. (radlerparadies-prignitz.de)

Tipp

Einst Wiege der Prignitz, liegt die Hansestadt Havelberg heute angrenzend an Brandenburg im Bundesland Sachsen-Anhalt, bietet jedoch das Natura 2000 Informationszentrum »Haus der Flüsse«. Bei freiem Eintritt gibt's eine sehenswerte, interaktive Ausstellung und ein spannendes Freigelände. Auf bereits 850 Jahre blickt der imposante und von einem ornamentlosen und wuchtigen Westbau dominierte Havelberger Dom St. Marien mit angrenzendem Klostergebäude zurück. (haus-der-fluesse.de)

Wittenberge perfekt für das Dreamteam Wassersport und Wohnmobil

TOTES MEER, GRADIERWERK, THERME UND PARK

Bei Sonnenschein und Regenwetter: Die Kristall-Therme in Bad Wilsnack bietet Erholung und Gesundheit zu jeder Jahreszeit. Ob aufgewärmt in der Saunalandschaft oder schwebend im Thermalsole-Außenbecken und Salzsee. Sich fühlen wie im Toten Meer, auch das ist in der Prignitz möglich. Direkt angrenzend wirkt sich Brandenburgs erstes Gradierwerk positiv auf Bronchial- und Atemwegserkrankungen aus. Gastronomie, Physiotherapie, Massagen und der großzügige Wohnmobilstellplatz komplettieren das Gesundheitsangebot des Kurorts. Für entspannte Gassi-Runden oder Spaziergänge grenzt der sieben Hektar große Karthane-Park als neuer Kurpark mit gleich drei unterschiedlichen Gärten direkt an den Wohnmobilstellplatz an.

WASSERSPORT UND NÄHMASCHINEN

Der größte Elbe-Sportboothafen zwischen Magdeburg und Hamburg liegt bei Elbkilometer 455 und ist zugleich auch Wohnmobilstellplatz. Er gehört zur bevölkerungsreichsten Stadt der Prignitz: Wittenberge. Direkt am Elberadweg und somit im Biosphärenreservat Flusslandschaft Elbe gelegen, ist die Stadt das Tor zur Elbtalaue. Also geradezu perfekt für das Dreamteam Wassersport und Wohnmobil. Auch hier hat die Brandenburger Industriekultur mit der Alten Ölmühle und dem Stadtmuseum Alte Burg gleich zwei attraktive Sehenswürdigkeiten. Während 1823 noch Ölsaaten zu Rohöl verarbeitet wurden, sind heute Tauchen, Wellness, Übernachten und selbstgebrautes Bier die beherrschenden Themen der Alten Ölmühle. Der überaus eindrucksvolle und freistehende Uhrenturm von Wittenberge gilt als einer der Größten auf dem europäischen Festland. Er ist eigentlich ein Wasserturm und gehört zum ehemaligen Nähmaschinenwerk Singer. Zur Industrie-Geschichte der Nähmaschinen und vieles mehr ist das Stadtmuseum Alte Burg die richtige Anlaufstelle. (wittenberge.de)

3

IM WALD BADEN? JA KLAR!

Es beginnt mit dem Wohnmobilstellplatz direkt im Wald, geht über in den Park der Jahresbäume und hört beim Streicheltierhof noch lange nicht auf. Hainholz nördlich der Stadt Pritzwalk ist der Ort fürs Waldbaden. Hier heißt es Ausspannen mitten im Wald und die Sinne wieder schärfen für das Wesentliche! Im Frühling die ersten frischen Blätter begrüßen, im Sommer die sich durch die Äste brechenden Sonnenstrahlen beobachten sowie im Herbst durch raschelndes Laub spazierengehen und Pilze suchen. Sich selbst finden, sich spüren lernen, die Atmung verlangsamen, ausruhen und Kraft tanken – hier findet man seine Mitte! Und wenn es doch echtes Baden sein soll, das Waldschwimmbad Hainholz steht bereit! Für Informationen und kulinarische Genüsse sind dann das Naturkundemuseum sowie das Restaurant im Forsthaus Hainholz zuständig. (pritzwalk.de)

IM MITTELALTER der Weg der Wallfahrt, heute Pilgerweg. Der 22 Kilometer lange Annenpfad verbindet das Kloster Stift zum Heiligengrabe, die Kirche Alt Krüssow und die Dorfkirche in Bölzke und ist als Rundweg konzipiert. Dazwischen heißt es Durchatmen sowie Ruhe und Kraft tanken beim Wandern durch Wald, Wiesen und Felder. Offizielles Anpilgern ist am Gründonnerstag! (annenpfad.de)

◀ Streicheltierhof Hainholz ▶ Waldbaden ist erholsam und gesund

3

ORA ET LABORA – BETE UND ARBEITE

Im Kloster Stift zum Heiligengrabe gibt die Stille des Ortes persönlichen Freiraum und der mit Stelen und Infoblatt versehene, ausgearbeitete Rundgang durch die jahrhundertealte Geschichte als Nonnenkloster, evangelisches Damenstift, Mädcheninternat und vieles mehr einen interessanten Einblick. Seit 1996 leben hier Klosterfrauen, die der benediktinischen Leitregel folgen, das geistliche Leben verantworten, Einkehrzeiten durchführen, kulturelle und gärtnerische Aufgaben übernehmen und Gäste betreuen. Die denkmalgeschützten Gebäude und der Park laden zu einem Besuch ein, Führungen werden angeboten.

GUT KOMBINIERT – GESCHICHTE UND GÄRTEN

Geradezu riesige Himbeeren als Kunstobjekt mit Fontane-Gedicht, integriert in die großzügige und abwechslungsreiche Gartenanlage entlang der knapp 2,5 Kilometer langen, aus Backstein gefertigten Stadtmauer, ziehen die Blicke auf sich. Der Park entstand durch die Landesgartenschau 2019 und hat die Dosse wunderbar integriert. Wittstock gilt als Tor zur Mecklenburgischen Seenplatte und hat doch selbst so viel zu bieten. In der alten Bischofsburg mit Torturm sind heute die empfehlenswerten Museen Alte Bischofsburg, Ostprignitzmuseum sowie das Museum des 30-jährigen Kriegs einquartiert. Der Altstadtkern lockt mit Charme, Backsteingotik, Gassen und Bürgerhäusern, die vergangenen Jahrhunderte lassen grüßen. Zum Übernachten eignet sich der Stellplatz an der Rheinsberger Straße.

◀ Kloster Stift zum Heiligengrabe ▶ Stadtmauer Wittstock

Innenansicht Museum in der alten Bischofsburg Wittstock

Als Wächter der (Wittstocker) Heide gilt übrigens der Daberturm in Alt Daber. Neben Heidelandschaft, Erlebnisausstellung, Kräuter- und Findlingsgarten gibt es dort einen Lauf- und Nordic-Walking-Park.

ZUR SÜSSEN EINKEHR steht die »Tortenschwester Café & Laden« im alten Feuerwehrhaus von Wittstock parat mit leckerer Vielfalt und Sonnenterrasse. Zwischen Dosseteich und LaGa gelegen, ein lohnender Stopp vor oder nach dem Altstadtbummel. (tortenschwester.de)

SCHLACHTFELD 1636

Nördlich und außerhalb der Stadt Wittstock weht auf einer Anhöhe die rote Flagge, darunter verbirgt sich die Geschichte der Schlacht am Scharfenberg. Aussichts- und Gedenkplattform für eine der blutigsten Schlachten des Dreißigjährigen Krieges. Die Schlacht bei Wittstock 1636 ist ein Punkt der »Zeitschätze Prignitz«, die, einer Reise durch die Zeitgeschichte gleichend, zentrale archäologische Orte bezeichnet und aufgelistet hat. Vom Aussichtsplateau schweift der Blick weit über die Felder. Im darunterliegenden, stillgelegten Wasserspeicher sind – einerseits eiskalt wie der Krieg, andererseits eindrucksvoll und spannend – Zeitschienen, Hintergründe, Gräueltaten und menschliche Schicksale dargestellt. Erklärt wird auch das Massengrab von 125 Soldaten, einem europaweit einzigartigen Fund, im Frühjahr 2007 entdeckt und danach von Archäologen untersucht. Geöffnet Mi–So & Feiertage, April–Oktober.

AUF EINEN BLICK

Info

STADT/REGION: Prignitz
BESTE REISEZEIT: Frühjahr bis Herbst
OPTIMALE REISEDAUER: 2–3 Tage
TOURISTINFO: Paul-Lincke-Platz 1, 19322 Wittenberge, Tel. 03877/92 91 81, touristinfo@kfh-wbge.de, wittenberge.de

SEHENSWÜRDIGKEITEN

NABU BESUCHERZENTRUM STORCHENDORF RÜHSTEDT: Neuhaus 9, 19322 Rühstädt, Tel. 038791/806555, info@nabu-ruehstaedt.de, nabu-ruehstaedt.de
KRISTALLTHERME BAD WILSNACK: Am Kähling 1, 19336 Bad Wilsnack, Tel. 038791/80880, info@kristalltherme-bad-wilsnack.de, kristalltherme-bad-wilsnack.de
KLOSTER STIFT ZUM HEILIGENGRABE: Stiftgelände 1, 16909 Heiligengrabe, Tel. 033962/8080, info@klosterheiligengrabe.de, klosterstift-heiligengrabe.de
ALTE BISCHOFSBURG WITTSTOCK: Amtshof 3, 16909 Wittstock/Dosse, Tel. 03394/429550 (Touristinfo), touristinfo@stadt-wittstock.de, wittstock.de

STELLPLATZ RHEINSBERGER STRASSE

ADRESSE: Rheinsberger Straße 22, 16909 Wittstock/Dosse, Tel. 03394/42 95 50, touristinfo@stadt-wittstock.de, wittstock.de
ANFAHRT: Die offizielle Zufahrt erfolgt über einen Abzweig der Rheinsberger Straße (nicht über den Kundenparkplatz des Lebensmittel-Discounters)
GPS: 53.162832, 12.497019
Ganzjährig geöffneter Automaten-Stellplatz für 12 Wohnmobile bis zu 8 m auf Pflaster. V/E, Strom. Ruhige Lage. Lebensmittel-Discounter und Bowling-Center in unmittelbarer Nachbarschaft. In nur 15–20 Gehminuten durch die Altstadt oder ringförmigen Grünanlage bis zur Burg Goldbeck.

◀ Einfahrt Stellplatz Wittstock ▶ Kristall-Therme Bad Wilsnack

STELLPLATZ AN DER KRISTALLTHERME

ADRESSE: Am Kähling 1, 19336 Bad Wilsnack, Tel. 0162/45 97 421, info@kristalltherme-bad-wilsnack.de, kristalltherme-bad-wilsnack.de

ANFAHRT: Innerorts den Wegweisern zur Kristalltherme folgen, vor der Saline links abbiegen und die Zuwegung über den verwinkelten, engen PKW-Parkplatz bis zum Stellplatz fahren

GPS: 52.962868, 11.950148

Ganzjährig geöffneter, teilweise parzellierter Stellplatz für ca. 60–80 Mobile auf Schotterrasen. V/E, Strom (ca. 50 % der Plätze). Anmeldung und Nutzung der Sanitäranlagen und Gastronomie während der regulären Therme-Öffnungszeiten. Beeinträchtigungen durch Thermen-Publikumsverkehr und Bahnstrecke möglich. In unmittelbarer Nähe zum Kur- und Naturgarten sowie Gradierwerk gelegen, 20 Gehminuten durch den Ort bis zur Wunderblutkirche St. Nikolai.

STELLPLATZ AM NEDWIGHAFEN

ADRESSE: Elbstraße 65, 19322 Wittenberge, Mobil 01520/90 80 856, Tel. 03877/56 79 94 45, info@freizeit-park-wittenberge.de, freizeit-park-wittenberge.de

ANFAHRT: Von der B198 in die Wahrenberger Straße abbiegen und den Reisemobilsymbolen bis zum Sportboothafen Nedwiganger folgen

GPS: 52.990975, 11.745526

Offiziell von Mai bis September geöffneter, zweigeteilter Stellplatz für ca. 30 Wohnmobile auf Pflaster oder Rasenuntergrund. V/E, Strom, Servicegebäude mit WC/Dusche. Erweiterungsmaßnahmen sind in Planung. Anmeldung beim Hafenmeister oder im angrenzenden Restaurant »Zum Fährmann«. Ruhige Lage an der Elbe und unmittelbar am Elberadweg und Sportboothafen.

MIT FONTANE AUF DU UND DU

Verträumt im Herzen des Ruppiner Seenlands

Atem schöpfen am Zermützelsee

4

Der Naturpark Stechlin-Ruppiner Land, Brandenburgs jüngstes Großschutzgebiet, verzeichnet 180 Seen und ganz viel Wald. Historisch bezaubern die Altstadtkerne von Rheinsberg und Neuruppin. Auf den Spuren des Schriftstellers Fontane wandeln, das Moor entdecken, auf einsamen Wasserwegen paddeln, so wird ein Wochenende zur Ruhe-Oase!

1819 UND 1781 IN NEURUPPIN

Berühmt sind die Aufzeichnungen des Schriftstellers Theodor Fontane »Wanderungen durch die Mark Brandenburg«, die er in seiner Geburtsstadt Neuruppin begann. Ein mit zahlreichen Wegweisern markierter Spazierweg durch die Stadt kommt an seinem Geburtshaus (1819), der Löwen-Apotheke und dem Denkmal am Fontaneplatz vorbei. Die Fontanestadt liegt angeschmiegt an den Ruppiner See, dem mit 14 Kilometer längsten See im Land Brandenburg und Teil der Ruppiner Wasserstraße. Entlang der Seepromenade lässt sich gut verweilen, eine Schifffahrt buchen oder einkehren. Ein zweiter berühmter Sohn der Stadt ist 1781 geboren, heißt Karl Friedrich Schinkel und gilt als bedeutendster Gestalter des Klassizismus. Interessanterweise sagt Fontane passenderweise über Schinkel: »Unter allen bedeutenden Männern, die Ruppin, Stadt wie Grafschaft, hervorgebracht, ist Karl Friedrich Schinkel der bedeutendste.« Trotz der berühmten »Schinkel-Schule«, aus der heraus vieles entstanden ist, gibt es in Neuruppin jedoch leider kein auf ihn zurückzuführendes Bauwerk.

FONTANE.RAD ist ein als mehrtägige Radroute konzipierter Tourguide mit acht Etappen. Knapp 300 Kilometer führt die Hauptroute von Oranienburg, Rheinsberg über Neuruppin und Ribbeck, Werder bis nach Potsdam. Mit unterschiedlichen Höhepunkten gespickt und durch Wald, Felder und Wiesen, Dörfer und entlang von Seen und Flüssen lernen Radfahrer Brandenburg auf ganz besondere Art und Weise kennen. Stets wandelnd auf den biografischen wie literarischen Spuren Fontanes. Selbstverständlich sind auch einzelne Etappen zu fahren, beispielsweise von Rheinsberg nach Neuruppin, unter anderem vorbei am Zermützelsee. (fontanerad.de)

4

STADT, LAND, SCHLOSS

Das Rheinsberger Schloss und der angrenzende Schlossgarten mit Lustgarten und Orangerie ziehen Besucher in ihren Bann. Ob zu Wasser oder zu Land, bei Sonnenschein oder mystischem Nebel. Am Grienericksee gelegen, verbrachte bereits Friedrich der Große als Kronprinz die angeblich glücklichste Zeit seines Lebens in Rheinsberg. Man mag es glauben, entwickelte er hier innovative Gestaltungsideen, die er später in Sanssouci als Kür vollendete. Wie könnte es anders sein, nach Theodor Fontane und seinen Wanderungen durch die Mark Brandenburg kam danach auch Kurt Tucholsky, dem heute im einstigen Musenhof Prinz Heinrichs ein Literaturmuseum gewidmet ist. Die Außenanlagen des Schlosses grenzen direkt an den See und bieten Spaziergängern und Sonnenhungrigen schöne Plätze und Fotomotive. Nach umfangreichen Restaurierungsarbeiten lohnt ein Besuch der Schloss-Innenräume mit Kunstwerken sowie originalen Raumdekorationen unter anderem der friderizianischen Zeit. Ein Eingang zu Schloss und Schlosspark liegt schräg gegenüber der Touristinfo ein anderer von der Parkstraße kommend. In den Sommermonaten finden, organisiert von der Kammeroper Schloss Rheinsberg, Konzerte und Aufführungen im Heckentheater, im Schlosshof oder indoor im Schlosstheater statt.

NATUR AUF DER ZUNGE ist das Motto der EiZmanufaktur in Rheinsberg. Hier gibt es Eis in Bio-Qualität, gerne auch vegan und laktosefrei. Regionale Produkte und Geschmackserlebnisse der besonderen Art warten. Schon mal Knoblauch-Gurke-Dill, Zwiebel, Orange-Ingwer oder Sanddorn probiert? (eiszauberei.de)

MANUFAKTUR UND HANDWERKSKUNST

Stolz ist man auf 250 Jahre Keramik in Rheinsberg. Der jährlich im Oktober stattfindende Töpfermarkt erfreut sich großer Beliebtheit. Das Keramikmuseum im alten Spritzenhaus am Kirchplatz 1 ist privat geführt und wird von ACHATporzellan Rheinsberg gefördert und finanziert. Geöffnet von Februar bis Dezember. Innerhalb der Altstadt bieten alternativ Boutiquen und Kunsthandwerker ihre Waren feil. (museum-rheinsberg.de)

Bezaubernde Ausblicke aufs Wasser sind immer auch ein kleiner Urlaub.

WOHL DEM, der im Ruppiner Seenland sein eigenes SUP, Boot oder Kanu im Wohnmobil mit dabei hat, allen anderen seien die Fahrgastschifffahrt oder die Bootsverleihstationen empfohlen. Hier ist die Qual der Wahl das Maß der Dinge: Kanu, Tretboot, führerscheinfreies Motorboot bis hin zur Yacht oder einem Hausboot. Denn gibt es etwas Schöneres, als vom Wasser aus die Felder und Wiesen, Häuser oder das Rheinsberger Schloss an sich vorbeigleiten zu lassen? Schleusenfahrten und Kanäle wechseln sich mit Seen ab, zu jeder Tageszeit ist das Leben auf dem Wasser ein Genuss. Perspektiven zu wechseln, lohnt sich! (schifffahrt-rheinsberg.de, hausboot-rheinsberg.de)

DER FITNESS AUF DER SPUR

LAUFEN, WALKEN, NORDIC WALKING und Wandern, im Laufpark Stechlin heißt es Natur genießen und Kondition trainieren auf über 500 Kilometer ausgeschilderten Laufstrecken, verteilt über mehrere Standorte, unter anderem auch Rheinsberg. Viele gekennzeichnete Wege sind zudem für Radler, Kombisportler, Rollis oder Skater ebenso nutzbar. Angesprochen werden alle Bewegungssportler, die Urlaub und ihr Sportprogramm in der Natur miteinander verbinden. Zwei Landkreise, drei Naturparks und fünf Gemeinden sind am Laufpark Stechlin beteiligt, ein Projekt von Läufern für Läufer.

◀ Theodor Fontane in seiner Geburtsstadt ▶ Schloss Rheinsberg

GENUSS UND RUHE IM NATURPARK

Der Naturpark Stechlin-Ruppiner Land liegt zwischen den Städten Rheinsberg und Neuruppin. Entlang des Radwegs FONTANE.RAD beziehungsweise wer den Kreuzungspunkten von Radeln nach Zahlen (ruppiner-reiseland.de) folgt, wird so manch verstecktes Idyll finden. Selbstverständlich ist die Anreise mit dem Wohnmobil ebenso möglich, um dann dort vor Ort entweder einzukaufen, eine kulinarische Pause zu machen oder spazieren zu gehen. Bunte Bänke zieren die Waldschenke Stendenitz am Zermützelsee und laden von Donnerstag bis Sonntag zur Rast ein. Das künstlerische Kleinod mit romantischem Seeblick bietet neben Speisen auch Bootsverleih an. Der Campingplatz Stendenitz und das Waldmuseum Stendenitz sowie der Naturlehrpfad sind in unmittelbarer Laufnähe erreichbar. (waldschenke-stendenitz.de)

REGIONAL UND KÖSTLICH

Frisch und regional einkaufen kann man im Hofladen Braunsberger Höfe mit eigenen Produkten vom Hof wie Wurst und Fleisch, Eier, Fruchtaufstriche, Gemüse sowie Brot und Blechkuchen. Darüber hinaus ist hier auch eine Verkaufsstelle von regionalen, fair gehandelten Produkten wie Honig, Milch und vielem mehr. (braunsberger-hoefe.de)

ANGELPARK UND FISCHVERKAUF – Die Fischzucht Zippelsförde bietet Anglern die Gelegenheit, an mehreren Teichen nach Forellen, Saiblingen, Welsen, Karpfen oder Stören zu angeln. Anfänger erhalten fachkundige Anleitung, Angelausrüstungen können ausgeliehen werden. Im Laden und Imbiss wird Frisch- und Räucherfisch verkauft, die Anlage ist täglich geöffnet. (fz-zippelsfoerde.de)

4

DIE BRÜCKE ÜBER DEN RHIN

Die neue, nun goldglänzende Brücke verbindet seit 2020 das, was Jahre aufgrund der zerborstenen Holzbrücke entzweit war – den Weg über den Fluss Rhin beim Runddorf Molchow. Er ist Teil des Radwegs und verbindet Neuruppin mit Molchow. Erreichbar sind nun rechts und links der Brücke das River Café Molchow, der Floßverleih TreibGuT und der Glockenturm am Dorfanger, der bereits bei Fontanes Wanderung 1873 Anlass zu einem kleinen Eintrag in seinen Aufzeichnungen war und heute von einer Figur Fontanes geziert wird.

VON MOOR ZU MOOR

Bei so vielen Seen wird sicherlich der ein oder andere fast vergessen. So entdeckten die Autoren eher per Zufall den ruhig gelegenen Wohnmobilstellplatz am Roofensee und den See selbst mit seiner zurückhaltenden Schönheit und entschleunigenden Ausstrahlung. Der See ist in das europäische Schutzgebietsnetzwerk Natura 2000 aufgenommen. Rund um den See führt der zwölf Kilometer lange Naturerlebnispfad »Von Moor zu Moor«, der als Themenrundweg konzipiert und mit Mit-Mach-Modellen und Infotafeln ausgestattet ist. Startpunkt für die volle Runde ist in Menz. (stechlin-ruppiner-land-naturpark.de)

◀ Brücke bei Molchow über den Rhin ▶ Stille spüren am Roofensee

AUF EINEN BLICK

Info

STADT/REGION: Ruppiner Seenland
BESTE REISEZEIT: Frühjahr bis Herbst
OPTIMALE REISEDAUER: Wochenende
TOURISTINFO: Fischbänkenstraße 8, 16816 Neuruppin, Tel. 03391/65 96 30, info@ruppiner-seenland.de, ruppiner-seenland.de

SEHENSWÜRDIGKEITEN

GEBURTSHAUS THEODOR FONTANE: Karl-Marx-Straße 84 (Löwen-Apotheke), 16816 Neuruppin, Tel.: 03391/45 460, info@tourismus-neuruppin.de, tourismus-neuruppin.de
SCHLOSS RHEINSBERG: Schloss Rheinsberg 2, 16831 Rheinsberg, Tel. 033931/72 60, schloss-rheinsberg@spsg.de, spsg.de
LAUFPARK STECHLIN: Verschiedene Startorte (Übersicht auf Website), Mobil 0170/93 82 289, fbzwei@gransee.de, laufpark-stechlin.de
GLOCKENTURM MOLCHOW: Dorfplatz, 16827 Neuruppin/OT Molchow, molchow@neuruppin-stadt.de, neuruppin.de

STELLPLATZ RHEINSBERG

ADRESSE: Rudolf-Breitscheid-Straße 1, 16831 Rheinsberg, 0173/36 37 810
ANFAHRT: In der Paulshorster Straße auf Höhe der Lebensmittel-Märkte in die Rudolf-Breitscheid-Straße abbiegen. Zufahrt über das Firmengelände von Werbe Medien
GPS: 53.100018, 12.896870
Von außen uneinsehbarer und naturbelassener Stellplatz für ca. 6 Mobile auf sandigem Untergrund in einem kleinen Privatwald. V/E, Strom, WLAN. Der Platz punktet mit seiner Urspünglichkeit, frei umherlaufenden Hühnern und der guten Lage zur Erkundung von Rheinsberg (10 Gehminuten zum Schloss).

STELLPLATZ AM ROOFENSEE

ADRESSE: Schleusenweg, 16775 Stechlin/OT Menz, 033082/68 80, info@waldpark-am-roofensee.de, waldpark-am-roofensee.de

◀ Stellplatz Rheinsberg und Besuch am Morgen ▲ Im Wald gelegen, Stellplatz am Roofensee ▼ Camping Stendenitz am Zermützelsee

ANFAHRT: In Menz von der Ortsdurchfahrt Rheinsberger Straße in den Schleusenweg abbiegen, nach ca. 300 m befinden sich die gekennzeichneten Stellplätze auf der rechten Seite

GPS: 53.103357, 13.043334

Ganzjährig zugänglicher, kostenfreier Stellplatz für ca. acht Mobile auf Walduntergrund. Der Pfandschlüssel für den Stromkasten kann in der benachbarten Gaststätte »Roofenklause« zu den Öffnungszeiten abgeholt werden, ansonsten keine Wohnmobil-Infrastruktur. Direkt am angrenzenden Feriendorf »Waldpark am Roofensee« verläuft der längste Radfernweg Deutschlands, die »Tour Brandenburg«. Ein 6 km langer Spaziergang rund um den Roofensee entschleunigt.

CAMPINGPLATZ STENDENITZ AM ZERMÜTZELSEE

ADRESSE: Grafendamm 1, 16827 Neuruppin/OT Stendenitz, Tel. 033929/70 644, info@camping-neuruppin.de, camping-rheinsberg-neuruppin.de

ANFAHRT: Von Stendenitz die Straße Karnickelberg entlang durch den Wald bis zur Ausschilderung

GPS: 53.006940, 12.819558

Von März/April bis Oktober geöffneter 4*-Campingplatz mit großzügigen, überwiegend parzellierten Plätzen auf Gras-/Sanduntergrund für ca. 60 Mobile. Komplette Infrastruktur, Camping-Shop, Bootsverleih, kleiner Sportboothafen. Idyllische Lage direkt am Naturbadestrand des Sees, gleich nebenan befindet sich das Waldmuseum und die idyllische Waldschenke.

UCKERMARK? HIER GEHT'S LANG!

Viel drin im Naturpark Uckermärkische Seen

Auszeitgefühl am Oberuckersee bei Warnitz

5

Bei 47 Prozent Wald beziehungsweise 37 Prozent Acker und Grünland sowie 63 Quadratkilometern Gewässer und gerademal 34 Einwohnern je Quadratkilometer wird die Aufteilung klar. Hier ist viel Platz, gepaart mit herrlicher Weite für Auszeit, Stille leben und Kraft tanken. Nachvollziehbar, ging doch die Uckermark 2012/13 als Sieger im ersten Bundeswettbewerb »Nachhaltige Tourismusregionen« hervor.

MUTIG SEIN, RUHE ERLEBEN

Umringt von Seen, lädt Fürstenberg/Havel zu vielfältigen Wassersportaktivitäten ein. Zusätzlich perfekt liegt der Wohnmobilstellplatz idealerweise direkt in der Marina. Das Umland bietet neben sauberen Seen, Rad- und Wanderwegen und Draisinefahrten den Besuch beim Weihnachtsmann sowie die Geschichte der Gedenkstätte Ravensbrück. Templin lockt mit der Naturtherme und der sehenswerten Altstadt am Templiner See. Die Flößerstadt Lychen begeistert mit Floß- und Kanufahrten. Im Norden überrascht Prenzlau als Zentrum der Uckermark. 897 Quadratkilometer Naturpark liegen den Wohnmobilisten zu Füßen, wenn sie es wagen, in die im positivsten Sinne »anonyme« Region der Uckermärkischen Seen zu reisen.

LUFTKURORT MIT WASSERGARANTIE

Von oben betrachtet wird die Idylle gut sichtbar: die Wasserstadt Fürstenberg/Havel liegt an der Havel und auf drei Inseln zwischen Röblinsee, Baalensee und Schwedtsee. Fans des Dream-Teams Wassersport und Wohnmobil finden optimale Bedingungen, ist die Marina Fürstenberg doch gleichzeitig auch Wohnmobilstellplatz und erfreulicherweise mit Kranmöglichkeit für größere Boote und mit Liegeplätzen für Gastlieger ausgestattet. Die Stadtkirche von 1845 dominiert das Stadtbild, wenngleich Fürstenberg bereits 1287 erstmals in Zusammenhang mit einer Stiftung für die Kirche und 1318 als Stadt Erwähnung fand. Nach dem industriellen Aufschwung im 20. Jahrhundert ist die Stadt heute Luftkurort.

Fünf Radfernwege kreuzen heutzutage das Stadtgebiet, das inmitten der beiden wasserreichen Naturparks Uckermärkische Seen und Stechlin-Ruppiner Land liegt. Neue schleusenlose Wege für Kanuten bietet der Fisch-Kanu-Pass.

5

AUF SCHIENEN DAHINGLEITEN und die eigene Muskelkraft nutzen, das genau ist Draisine fahren. Genussvoll durch die Landschaft strampeln, vorbei an Wäldern, Feldern und Seen. Auf stillgelegten Schienen heißt es dabei im Einbahnstraßenverkehr auf der Fahrraddraisine die Natur an sich vorbeiziehen lassen, bei Halb- und Ganztagsausflügen. Abfahrten sind ab Fürstenberg/Havel fußläufig vom Wohnmobilstellplatz möglich, die Station Templin verfügt zusätzlich über eine Rolli-Draisine. Saison April bis Oktober, Online-Reservierung in der Hochsaison empfohlen. (erlebnisbahn.de)

Tipp

Die Mahn- und Gedenkstätte Ravensbrück gibt beredt Zeugnis über das Frauen-Konzentrationslager aus der Zeit von 1939 bis 1945. Bereits zu DDR-Zeiten Nationale Mahn- und Gedenkstätte, wurde in den Nachwendejahren das Gebäude baulich gesichert, restauriert und der Öffentlichkeit zugänglich gemacht. Seit 2007 ergänzt das moderne Besucherzentrum und seit 2013 die 900 m² große Ausstellung »Das Frauen-Konzentrationslager Ravensbrück – Geschichte und Erinnerung« das Ensemble. In einem Teil der Gebäude ist die Jugendherberge Ravensbrück untergebracht.

Besucherzentrum Frauen-Konzentrationslager

◀ Zuhause beim Weihnachtsmann in Himmelpfort ▶ Einer von vier Seen

ZU BESUCH BEIM WEIHNACHTSMANN

1299 als Zisterzienserkloster Coeli Porta (Himmelspforte) gegründet, entwickelte sich Himmelpfort im Laufe der Jahre zum Luftkur- und Tourismusort. Mit Gründung der Weihnachtspostfiliale 1984 war der Kindheitstraum vieler erfüllt. Jedes Jahr bezieht der Weihnachtsmann Mitte November die Filiale und beantwortet Kinderbriefe aus aller Welt. Himmelpfort ist ein Stadtteil von Fürstenberg und bezaubert seine Besucher gerne durch die Lage an Stolpsee, Sidowsee, Moderfitzsee und Haussee. Wasserwanderer finden hier vielfältige Informationen und herrliche Paddelreviere. Malerische Spazierwege auf dem Klostergelände mit Klosterruine und Kirche oder entlang der Seen lassen Raum, um die Seele baumeln zu lassen. Direkt an der Schleuse befindet sich der Kloster-Kräutergarten mit Kräuterladen, betrieben vom gemeinnützigen Verein Ökosolar. Der Eintritt ist frei, der Garten täglich geöffnet. (kloster-kraeutergarten.de)

Tipp

Süßschnäbel und Leckermäulchen finden bei Sylke Wienold in der Himmelpforter Chocolaterie eine große Auswahl an köstlichen, handwerklich gefertigten Schokoladenprodukten sowie ein interessantes Workshop- und Kursangebot. (lychen-Schokolade.de)

FLÖSSERSTADT AN SIEBEN SEEN

Der Pinnenpfad zeigt unter anderem das mittelalterliche Erbe von Lychen und führt als Rundgang durch die Flößerstadt mit der weithin sichtbaren frühgotischen Feldsteinkirche St. Johannes. 1570 wurde das Flößergewerbe erstmals belegt, 2008 die Stadt mit dem Titel »Internationale Flößerstadt« gewürdigt. Der Flößerverein Lychen bewahrt diese Tradition und gibt sie auch im Flößereimuseum im alten Feuerwehrhaus weiter. Hier

Typische Landschaft in der Uckermark

erfährt man, was es heißt, mächtige Baumstämme unter den widrigsten Umständen flussabwärts zu transportieren. Zudem bietet der Verein täglich von Mai bis September Floßfahrten nach vorheriger Buchung an. (floesserverein-lychen.de)
Floßfahrten und der Verleih von Kajaks, Kanadiern und SUPs organisiert treibholz.com von April bis Oktober, unterhalb des Flößermuseums am See gelegen.

REITEN DURCH SAND UND WALD

Ausritte auf endlosen Sandwegen oder durch Nadel- und Buchenwälder, durch blühende Heide oder weite Felder sind in Lychen für Anfänger und Fortgeschrittene erlebbar. Ein reiterfreundliches Waldgesetz und die Pferde und Mulis von Familie Rensch machen es möglich. Nichtreiter dürfen gerne in der Kutsche Platz nehmen und ebenso mitgenießen! Anreise auch per Buslinie 517 ist möglich, sie verkehrt zwischen Templin, Lychen und Fürstenberg/Havel. (muli-rensch.de)

GEMEINSCHAFT GROSS GESCHRIEBEN, so sieht sich der CAPRIOLENHOF, eine Ziegenkäserei am Schleusenhof Regow. Milch und Fleisch stammen von Toggenburger Ziegen. Der Hofladen des Familienbetriebs und Ökohofs in Bredereiche (Stadtteil von Fürstenberg) ist samstags, sonntags und an Feiertagen geöffnet. (capriolenhof.de)

5

SPAZIERGANG DURCH 750 JAHRE

Eine vollständig erhaltene Stadtmauer mit Wallweg, dazu Fachwerkhäuser und ein Marktplatz mit barockem Rathaus – das ist Templin in der Uckermark. Für Wohnmobile eignet sich der Parkplatz Alte Knehdener Straße am Eingang zur Altstadt, um dann zu Fuß Richtung Am Mühlentor und nach der Brücke rechts abbiegend am Kanalwall den Stadtspaziergang zu beginnen. Auf Höhe des Berliner Tors die äußere Stadtmauer verlassen, denn hier führt der Weg direkt zum Marktplatz und dem historischen Rathaus mit Touristinfo. Stadtgeschichte-Interessierte gehen weiter zum Museum im Prenzlauer Tor, einer fast vollständig erhaltenen Toranlage mit Haupttorturm, erbaut Anfang des 14. Jahrhunderts im Stil der Backsteingotik. Die Seestraße hinter dem Gebäude verbindet die Altstadt mit der Promenade und dem Templiner Dampferanleger. Die Hafenbar Templin serviert hier stilecht Cocktails zum Sonnenuntergang. Über die Pionierbrücke, markant in Holz errichtet und perfekt, um nochmals einen Blick auf Teile des Templiner Stadtsee zu werfen, vorbei am Café und Vinothek Weinberg 19 ist die Weinbergstraße nach links abbiegend dann der Rückweg zum parkenden Wohnmobil.

THERMALSOLEHEILBAD NATURTHERME TEMPLIN, hier punktet die heilende Sole aus 1 650 m Tiefe und wirkt als wahres Gesundheitselixier. Knapp drei Kilometer trennen das historische Rathaus und die großzügige Anlage der NaturTherme. Eintauchen in die angenehmen Welten von Bade- und Saunalandschaft bringt Erholung auf den Punkt. Wellness mit Massagen oder Bädern sowie Gesundheitsurlaub im angeschlossenen Therapiezentrum ergänzen den Wohlfühlfaktor. Nach dem Verwöhntag ist der Weg zum Wohnmobil nur noch ein kleiner Spaziergang zum direkt angrenzenden, hübsch angelegten Stellplatz.

GESCHICHTE: FRAUENORTE TEMPLIN

Spuren wieder sichtbar machen! Hinter dem Museum für Stadtgeschichte Templin befindet sich der Röhnisch-Platz. Er wurde Erna Taege-Röhnisch und ihrem Mann Fritz Röhnisch gewidmet, die gemeinsam das Templiner

5

Heimatmuseum aufbauten. Das Lebenswerk der anerkannten Heimatschriftstellerin und Mundartautorin ist weit über die Grenzen Templins hinaus bekannt. Unter dem Slogan »Frauenorte Brandenburg« zeigen ausgewählte Biografien Frauen, die Gesellschaft und das Land Brandenburg mitentwickelt und gestaltet haben. (frauenorte-brandenburg.de)

INDUSTRIE-KULTUR UND NATUR gehören im Ziegeleipark Mildenberg einfach zusammen. Neben lebendig werdender Industrie- und Technikgeschichte im Museum, interessanten Führungen und Fahrerlebnissen mit der Ziegeleibahn oder der Dampflok, sind die Picknickwiese mit Grill- und Badestelle sowie die Abenteuerspielwiese mit Seilfähre, Riesenschaukeln und Kleintierzoo der ideale Platz für Freizeitvergnügen und Spaß! (ziegeleipark.de)

Tipp

Wenn die Badestelle schon »Schöne Zeit« heißt, ist ein Besuch am Oberuckersee bei Warnitz doch auf jeden Fall einen Tipp wert. Das Wohnmobil parkt einfach am Bistro im oberen Bereich der Ferienhaussiedlung Warnitz, Lindenallee 72. Ein kurzer Spaziergang führt runter zum idyllischen Seeufer.

PRENZLAU, ZENTRUM DER UCKERMARK

Unter- und Oberuckersee südlich von Prenzlau gehören mit 1 600 Hektar Wasserfläche zu den größten Seen des Landes Brandenburg. Heimelig anmutende Wiesen, Felder und Wälder sowie zahlreiche Dörfer entlang der Seen laden zu Fahrrad- oder Wandertouren ein. Verträumte Badestellen und traumhafte Paddelreviere komplettieren den Erholungswert und garantieren die kleinen, unvergesslichen Entdeckungen am Wegesrand. Prenzlau, die grüne Stadt am Uckersee, besticht durch ihre lange Ufer-Promenade entlang von Gartenanlagen und Spielplätzen der ehemaligen Landesgartenschau. Imposant in Größe und Backsteingotik dominiert die St. Marienkirche die Kreisstadt. Fast übersieht man dabei die Heilig-Geist-Kapelle. Ein Stadtmauerrundgang auf der restaurierten Stadtmauer oder der Besuch des ehemaligen Dominikanerklosters sind ebenso empfehlenswert. Während Geschichte ihren verdienten Platz hat,

◀ St-Maria-Magdalena-Kirche Templin ▲ Mutig sein und sich ins Abenteuer »Ruhe« wagen ▼ Heilig-Geist-Kapelle und St. Marienkirche Prenzlau

schaut die Region mit gelebter Nachhaltigkeit und Regionalität und dem Titel »Stadt der Erneuerbaren Energien« selbstverständlich und selbstbewusst auch in die Zukunft.

UCKERSEEN TOUR Eine kulinarische Reise durch die Uckermark verspricht die ausgearbeitete Route von genießertouren.org als kombinierte, 25 Kilometer lange Rad-Schiff-Tour von Prenzlau über Röpersdorf und Potzlow, alternativ als Radtouren mit 25, 30 oder 50 Kilometer Länge. (geniessertouren.org/uckerseen-tour)

Tipp

Von April bis Oktober verbindet der UckermarkShuttle mit Fahrradanhänger die Städte Angermünde, Templin, Prenzlau und Schwedt. Fahrpläne sind unter wirbewegensie.de einzusehen. Zahlreiche Haltestellen unterwegs ermöglichen immer wieder bequeme Fahrtunterbrechungen für interessante Entdeckungen und Besichtigungen.

AUF EINEN BLICK

Info

STADT/REGION: Naturpark Uckermärkische Seen
BESTE REISEZEIT: Frühjahr bis Herbst
OPTIMALE REISEDAUER: 2–3 Tage
TOURISTINFO: Stettiner Straße 19, 17291 Prenzlau, Tel. 03984/83 58 83, info@tourismus-uckermark.de, tourismus-uckermark.de

SEHENSWÜRDIGKEITEN

MAHN- UND GEDENKSTÄTTE RAVENSBRÜCK: Straße der Nationen, 16798 Fürstenberg/Havel, Tel. 033093/60 80, info@ravensbrueck.de, ravensbrueck-sbg.de
WEIHNACHTSPOSTFILIALE HIMMELPFORT: Klosterstraße 23, 16798 Fürstenberg/Havel OT Himmelpfort, Tel. 033089/41 888, info@weihnachtshaus-himmelpfort.de, weihnachtshaus-himmelpfort.de
HISTORISCHES RATHAUS TEMPLIN: Am Markt 19, 17268 Templin, Tel. 03987/26 31, touristinfo@templin.de, templin.de
ST. MARIENKIRCHE PRENZLAU: Marienkirchstraße 4, 17291 Prenzlau, Tel. 03984/71 91 500, buero@kirche-uckermark.de, kirche-uckermark.de

STELLPLATZ AN DER NATURTHERME TEMPLIN

ADRESSE: Dargersdorfer Straße 121, 17268 Templin, Tel. 03987/20 13 00, reservierung@naturthermetemplin.de, naturthermetemplin.de
ANFAHRT: In Templin den Wegweisern zur Naturtherme folgen. Enge Zufahrt am Thermeneingang vorbei
GPS: 53.103485, 13.526538

Ganzjährig geöffneter Stellplatz mit vier sternförmig angelegten Arealen und Parzellen für 47 Mobile auf Pflaster mit dazugehörigem Rasenflächenanteil. V/E, Strom, WC. Duschmöglichkeit und Gastronomie in der Therme, mit umfangreichem Wellness-Angebot und vergünstigten Zeittarifen für WoMo-Gäste. Kurtaxe berechtigt zur unentgeltlichen Nutzung des Stadtbusses. Idealer Ausgangspunkt zum Kennenlernen

▲ Vereinzelt gibt es sie noch: alte Kopfsteinpflasterstraßen ◀ Kurze Wege: Stellplatz Naturtherme Templin ▶ Erste Reihe Marina Fürstenberg/Havel

der Buchheide und dem Biosphärenreservat Schorfheide/Chorin (250 m), der Templiner Kurmeile (400 m), dem Lübbesee (1 km) sowie Templin (Marktplatz 3,5 km).

STELLPLATZ MARINA FÜRSTENBERG

ADRESSE: Ravensbrücker Dorfstraße 26b, 16798 Fürstenberg/ Havel, Tel. 033093/39 203, marina-fuerstenberg@t-online.de, marina-fuerstenberg.de
ANFAHRT: In Fürstenberg von der B96 (Neustrelitz-Oranienburg) kommend in die Ravensbrücker Dorfstraße abbiegen
GPS: 53.194752, 13.150204
Von Anfang April bis Ende Oktober geöffneter Stellplatz für ca. 60 Mobile auf Rasenuntergrund. Komplette Infrastruktur, Restaurant/ Biergarten, ÖPNV-Anschluss. In ruhiger Ortsrandlage an einer Marina und dem Schwedtsee gelegen. 15 bzw. 20 Gehminuten zur KZ-Gedenkstätte und zum Zentrum (Stadtpark, Schloss), 25 Fahrradminuten zur Klosterruine Himmelpfort.

FREIHEIT ENTLANG DER ODER

Naturspektakel Nationalpark Unteres Odertal

Perfekte Radwege entlang der Oder laden ein zur Naturbeobachtung.

6

Die Flusslandschaften Unteres Odertal ist Nationalpark und zugleich ein Festival von Flora und Fauna in den Flussauen. Von Hohensaaten im Süden bis Mescherin im Norden erstreckt sich ein 60 Kilometer langer und nur zwei bis fünf Kilometer breiter Naturkorridor der Superlative. Dabei überschreitet und verbindet der Flusslauf der Oder immer wieder Grenzen.

URKRAFT IN STÄNDIGER BEWEGUNG

Die Natur kennt keinen Stillstand und Veränderung ist das Gesetz des Lebens. Hier ist es die Landschaft selbst, die atemberaubend und andauernd ihr Aussehen verändert. »Alles fließt«, meditierte einst der griechische Philosoph Heraklit. Fast könnte man glauben, er hätte dabei die Flussauenlandschaft an der Oder im Sinn gehabt.

Mit der vor vielen Tausend Jahren entstandenen Flussniederung erschuf die zu Ende gehende Eiszeit ein Paradies für Fauna und Flora. Mit dem Nationalpark auf deutscher und dem Landschaftsschutzpark auf polnischer Seite bildet die als »Internationalpark« bezeichnete Region eine 65 000 Hektar große, einzigartige Landschaft. Das Biotop aus Feuchtwiesen, Auwaldresten und Altwässern ist blühende Heimat für eine schier überbordende Pflanzenwelt. Und die Flussauen bilden ideale Rast-, Brut- und Überwinterungsplätze für Zehntausende Vögel, die alljährlich Publikumsmagnet für begeisterte Besucher aus aller Welt sind.

MIT DER WILDGANS FLIEGEN

Im Ortsteil Criewen der Stadt Schwedt befindet sich der perfekte Einstieg in den einzigen Auen-Nationalpark Deutschlands. Der ehemalige Schafstall des Gutshofes von Schloss Criewen beherbergt das Besucherzentrum, das bei freiem Eintritt ganzjährig geöffnet ist. In 13 Bereichen informiert die umfangreiche Ausstellung über den faszinierenden Naturraum Unteres Odertal. Entdecken, anfassen und mitmachen ist ausdrücklich erwünscht. Ein interaktives Poldermodell zeigt eindrücklich die Auswirkungen von Hochwasser auf das Odertal. Einen Blick unter die Wasseroberfläche und auf heimische Fischarten ermöglicht das Oder-Aquarium. Eine Multimedia-Show lädt ein auf eine Zeitreise in das Jahr 2095 und entwirft fiktive Landschaftsveränderungen des Nationalparks in der

6

Zukunft. Höhepunkt und visueller Spaß zugleich ist ein Bluebox-Flug auf dem Rücken einer Wildgans über die Auenlandschaft. Das benachbarte Natura-2000-Haus ist Ausgangspunkt individueller Führungen und Shop für den Erwerb zahlreicher Produkte rund um den Nationalpark. (nationalpark-unteres-odertal.eu)

Tipp

Rund um Schloss Criewen lädt der 1829 von Joseph Lenné angelegte, 10 Hektar große Landschaftspark zu einem entspannten und idyllischen Spaziergang ein. Heimische, bekannte wie weniger bekannte Baumarten standen bei der Pflanzung besonders im Fokus, überragend ist die alte Dorflinde. Bänke mit wohltuendem Blick auf die gepflegte Baum- und Teichlandschaft verleiten immer wieder zu Genusspausen.

ERLEBNISWANDERPFADE GENIESSEN

Mit den Eindrücken aus dem Nationalparkzentrum bestens informiert, starten direkt ab Criewen mehrere Erlebnispfade in die herrliche Auen- und Polderlandschaft.

Der »Auenpfad« führt von der Criewener Brücke durch den Polder A bis zum großen Einlassbauwerk Saathener Wehr und hat eine Länge von knapp vier Kilometern. Der »Wilde Waldweg« erstreckt sich auf sieben Kilometern Länge durch Quell-Landschaft und Denseberge. Er vermittelt einen guten Einblick in eine sich selbst überlassene, ungestörte Natur. Der zehn Kilometer lange »Weg der Auenblicke« verläuft entlang der Oderaue und gewährt Einblick in eine ursprüngliche Waldlandschaft.

Die gemeinsame Klammer all dieser Wanderungen ist das Erleben der Wildnis zwischen Wald, Aue, Fluss und Polder. Die prächtigen Blüten von Sumpfschwertlilie und Blutweiderich, die Gesänge von Rohrammer und Teichrohrsänger, die Röhrichtbiotope als Lebensraum für Haubentaucher, Trauerseeschwalbe und viele Arten mehr, das Konzert der Seefrösche, das Gleiten der Fischotter durch die Weiden-dominierten Flussauen – all dies macht die Wanderungen zu einem überwältigenden Erlebnis in einer einzigartigen Flora und Fauna. Im Nationalparkhaus erhältliche Broschüren beschreiben detailliert, was unterwegs alles gesehen und entdeckt werden kann.

◀ Seerosen als typische Begleiter für Kanufahrten ▲ Die Oder, Lebensader der Wildnis ▼ Criewen – hier geht's lang!

Naturbeobachter und Fotoliebhaber kommen bei all diesen Erlebnispfaden voll auf ihre Kosten, Fernglas und Teleobjektiv sind dabei unverzichtbar. Wichtig zu wissen: Wanderungen in die Oderniederung sind nur im Sommer möglich, auf Wegegebote und natürliche Gefahren ist zu achten.

EIN PERSPEKTIVWECHSEL LOHNT SICH

Die Wildnis des Nationalparks vom Wasser aus zu entdecken, ermöglicht völlig neue, intensive Eindrücke. Das Poldergebiet bei Schwedt wird von zahlreichen Kanälen der Oder durchzogen und fordert das Umsteigen auf ein Kanu geradezu heraus. Beim sanft paddelnden Dahingleiten ist eine Begegnung auf Augenhöhe mit auentypischen Tier- und Pflanzenarten garantiert. Respekt vor dieser großartigen Natur beschreibt am besten das Gefühl, wenn Seerosen und Schilf, Graureiher und Biber die staunenden Blicke auf sich ziehen. Die ruhige Kanufahrt entschleunigt und macht Appetit auf noch mehr Naturerleben.

Die Touren sind nur in Begleitung eines geschulten Kanuführers und wegen der Brutsaison erst ab Mitte Juli über Tourismusvereine oder private Anbieter buchbar. Das Tragen von Schwimmwesten ist Pflicht, die Teilnahme mit dem eigenen Kanu ist möglich.

◀ Dem Kranich in Gartz ein Denkmal gesetzt ▲ Kranichbeobachtungen im Herbst ▼ Mit Naturwacht-Rangern auf Entdeckungstour

AUEROCHSEN, EXMOOR-PONYS und Konik-Pferde der Odertal Agrar kann man auf den Weideflächen bei Lunow mit Glück beobachten. Als einhundertprozentige Tochter der Nationalparkstiftung Unteres Odertal ist der zertifizierte Bio-Landwirtschaftsbetrieb dem ökologischen Landbau verpflichtet. Sie verbindet eine leistungsfähige, gewinnorientierte Landwirtschaft mit einem nachhaltigen Naturschutz auf wertvollen Auenböden und Niedermoorgebieten im und um den einzigen Auen-Nationalpark Deutschlands im unteren Odertal. Die Tiere werden ganzjährig im Freien gehalten. (odertal-agrar.de)

HIMMLISCHES ORCHESTER

Bis zu 15 000 Kraniche jährlich machen auf ihrem Weg von Skandinavien in die Überwinterungsgebiete in Südeuropa und Nordafrika lautstark Rast in der Oder Flussauenlandschaft. Der optimale Beobachtungszeitraum ist zumeist die erste Oktoberwoche, wenn sich die sogenannten »Boten des Glücks« auf abgeernteten, aber immer noch nahrungsreichen Maisfeldern für den Weiterflug stärken. Wer dieses imposante Ereignis verpasst, kann im Februar/März das nächste Spektakel erleben, wenn riesige Schwärme der sagenumwobenen Singschwäne den Himmel bei ihrer Rückkehr aus dem Winterquartier ausfüllen und weithin hörbar sind.

Der Tourismusverein Schwedt bietet informative Vorträge, geführte Beobachtungsspaziergänge und Ausflüge in den polnischen Naturschutzpark an.

MIT RANGERN AUF ENTDECKUNGSTOUR

Brandenburgs Naturschatztruhe ist prall gefüllt. Fünfzehn Naturlandschaften warten darauf, von ihren Besuchern entdeckt zu werden. Eine herausragende Stellung nimmt dabei der Nationalpark ein. Ein sehr informatives wie nachhaltiges Naturerleben sind geführte Exkursionen im Unteren Odertal mit den Mitarbeitern der Naturwacht. Nicht nur zu den beiden Großveranstaltungen, der Kranichwoche und den Singschwantagen, sondern während der gesamten Saison begleiten Ranger große und kleine Naturliebhaber auf themenspezifischen Führungen und erklären das Faszinosum Auenlandschaft auf spannende und kurzweilige Weise: Wie ruft der Zilpzalp seinen Namen? Wie trägt der Schlagschwirl seinen Gesang vor? Was hat es mit den eigentümlichen Rufen des Wachtelkönigs auf sich? Wo finde ich Schwimmfarn und Krebsschere? Wie groß ist das Reich des Froschkönigs?
Sämtliche Touren beginnen zu wechselnden Tageszeiten, sind unterschiedlich lang, zu Fuß oder mit dem Fahrrad durchführbar und erfordern eine vorherige Anmeldung. (naturschutzfonds.de)

Tipp

Bei Schwedt und Mescherin ist der Grenzübertritt möglich. Der Eindruck von der polnischen Seite erweitert den Blickwinkel auf das Abenteuer Wildnis und macht die Oder als europäischen Strom und verbindenden Naturraum begreifbar. Ein schönes Beispiel für realisierte und gelebte Zusammenarbeit auf EU-Ebene!

FAHRRAD TRIFFT KAFFEETASSE, das Fuchs & Hase Fahrrad-Café in Stolpe liegt am Oder-Neiße-Radweg und überzeugt sofort mit Sonnenterrasse und selbstgemachtem Eis und Kuchen – eben frisch, lokal und saisonal. Falls ein Besuch von Angermünde auf dem Programm steht – die zweite Niederlassung ist in der historischen Altstadt. (fuchsundhase-fahrradcafe.de)

AUF EINEN BLICK

Info

STADT/REGION: Nationalpark Unteres Odertal
BESTE REISEZEIT: Frühjahr bis Herbst
OPTIMALE REISEDAUER: 3–4 Tage
TOURISTINFO: Vierradener Straße 31, 16303 Schwedt/Oder, Tel. 03332/25 590, touristinfo@momentum-schwedt.de, unteres-odertal.de

SEHENSWÜRDIGKEITEN

NATIONALPARKZENTRUM: Am Speicher 3, 16303 Schwedt/Oder/OT Criewen, Tel. 03332/26 77 244, unteres-odertal.de
NATURLEHRPFADE: Verschiedene Erlebnistouren, Info über Nationalparkzentrum Criewen
RANGER- UND ERLEBNISTOUREN: Verschiedene Veranstaltungsorte, Info über Besucherzentrum Criewen, Tel. 03332/26 77 201, unteresodertal@naturwacht.de, naturwacht.de
GEFÜHRTE KANUTOUR SCHWEDTER POLDER: Start/Ziel beim Wassersportzentrum Schwedt, Tel. 03332/25 590 (Touristinfo), touristinfo@momentum-schwedt.de, unteres-odertal.de
KRANICHWOCHE: nur im Oktober, Vorträge in und Exkursionen ab/bis Gartz: Infozelt Kastanienallee 8, 16307 Gartz und Mescherin: Dorotheenhof Untere Dorfstraße 13, 16307 Mescherin
Tel. 03332/26 770, odertal@nlpvuo.brandenburg.de, nationalpark-unteres-odertal.eu

CAMPINGPLATZ AM ODERSTROM

ADRESSE: Obere Dorfstraße 17, 16307 Mescherin, Tel. 033332/87 00 44, campingplatz-mescherin@swschwedt.de, campingplatz-mescherin.de
ANFAHRT: BAB11, Ausfahrt Penkun, über die B113 ca. 15 km bis nach Mescherin und der Ausschilderung zum CP folgen
GPS: 53.242133, 14.426103
Von April bis Oktober/November geöffneter, überwiegend naturbelassener Campingplatz für ca. 25 Mobile auf Rasenuntergrund. V/E, Strom, Dusche/WC, Minimarkt, Waschmaschine, Fahrrad- und Bootsverleih.

◀ Camping in Mescherin ▶ Wassertouristisches Zentrum Schwedt

Gaststätte mit deutsch-polnischer Küche und schöner Terrasse direkt angrenzend. Ruhig an einem Seitenarm der Westoder gelegen, umgeben von viel Wasser und Wald. Geführte Kanutouren in die Wildnis der Flussaue ab CP möglich, Dampferanlegestelle vor Ort. Anschluss an den Oder-Neiße-Radweg. Grenzübergang zur 4 km entfernten polnischen Stadt Gryfino mit vielen Einkaufs- und Freizeitangeboten.

CAMPINGPLATZ AM WASSERTOURISTISCHEN ZENTRUM

ADRESSE: Regattastraße 3, 16303 Schwedt, Tel. 03332/83 65 96, Mobil 0152/25 91 47 37, begegnung@wassersport-schwedt.de, wassersport-schwedt.de

ANFAHRT: In Schwedt der Straße Wasserplatz folgen, nach rechts in die Regattastraße abbiegen und hinter dem blauen Walross links zum CP einfahren

GPS: 53.057519, 14.297477

Ganzjährig geöffneter Campingplatz auf einem Marinagelände für ca. 30 Mobile auf Rasenuntergrund. Komplette Infrastruktur, Restaurant/Biergarten, Kanuverleih, geführte Kanutouren buchbar, ÖPNV-Anschluss. Anmeldung im Gebäude der deutsch-polnischen Begegnungsstätte. An einem Oder-Seitenarm gelegen, ideal für Wasserwanderer. Direkter Einstieg in den Oder-Neiße-Radweg und in den Nationalpark. Einkaufsmarkt, historische Ortsmitte und Salzgrotte sind in kurzer Distanz, das Oder Shopping-Center in ca. 3 km Entfernung erreichbar. 2020 fanden auf dem CP umfangreiche Modernisierungsmaßnahmen statt.

STELLPLATZ AN DER STADTMAUER

Dieser Stellplatz in Angermünde eignet sich für die Regionen Nationalpark Unteres Odertal und Biosphärenreservat Schorfheide-Chorin. Beschreibung auf Seite 79.

NATUR-OASE SCHORF-HEIDE-CHORIN

Abtauchen, Atem schöpfen, Natur spüren

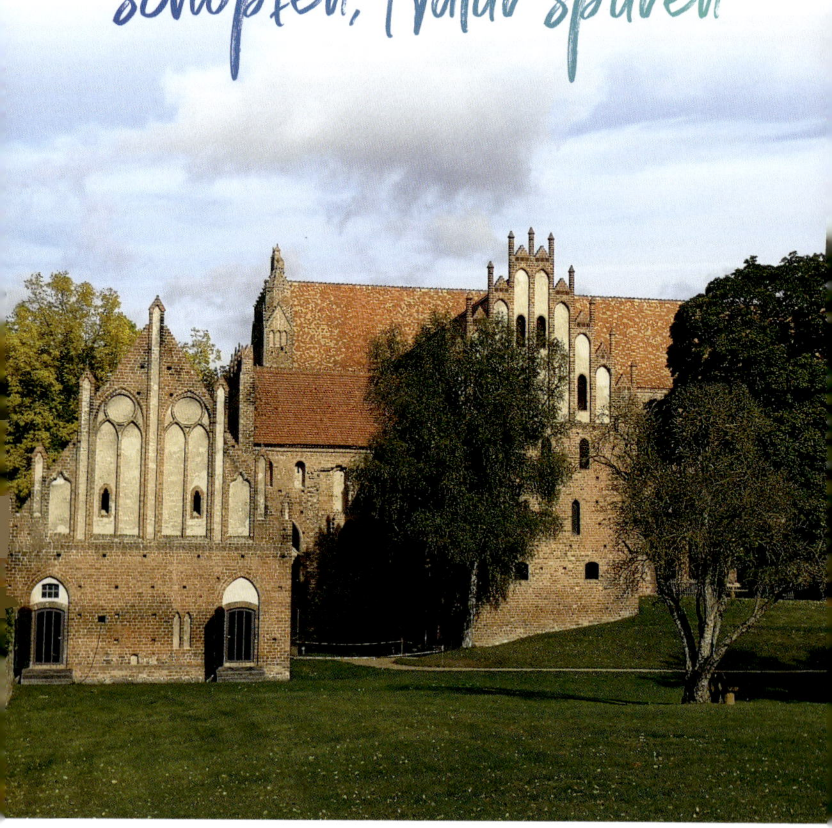

Zisterzienserkloster Chorin mit Klostercafé und Ausstellung

7

Das Biosphärenreservat Schorfheide-Chorin wird naturverträglich und nachhaltig bewirtschaftet. Ein Beispiel herausragender Brandenburger Industriekultur ist das Schiffshebewerk Niederfinow. Und wer in stressigen Zeiten Atem schöpfen will, ist in Bad Freienwalde beim Waldbaden an der richtigen Adresse.

HALLO PIGGELDY UND FREDERICK!

Einzigartige Kulturlandschaften verdienen Schutz, aber auch Bewunderer. So steht das harmonische und achtsame Miteinander von Mensch und Natur im Vordergrund. Am Eingang des Biosphärenreservats Schorfheide-Chorin, 15 Fahrradminuten vom Wohnmobilstellplatz in Angermünde entfernt, befindet sich das NABU Naturerlebniszentrum Blumberger Mühle. Die Architektur des Gebäudes ist einem Baumstumpf nachempfunden. Mit seinem rauen Äußeren und lebendigen, offenen Innenleben symbolisiert es die Kreisläufe der Natur. Nach dem Ausstellungsbesuch schließt sich ein entspannter Spaziergang durch das Naturschutzgebiet der »Blumberger Fischteiche« und zu den beiden Wollschweinen Piggeldy und Frederick an. Zahlreiche Informationstafeln unterstützen das intensive Naturerlebnis, auch Rundgänge mit Landschaftsführern sind möglich. Den Abschluss krönt das hauseigene Restaurant mit regionaltypischen ökologischen Leckereien. Reisemobilisten ohne Bedarf an Infrastruktur können auf dem baumbestandenen Rasengelände gleich nebenan übernachten (Höhenbeschränkung Anfahrt 3,8 Meter).

HISTORISCH, BIO UND NACHHALTIG

Angermünde ist in vielerlei Hinsicht einen Besuch wert. Vom Wohnmobilstellplatz an der alten Stadtmauer sind es nur wenige Schritte bis in das detailgetreu restaurierte mittelalterliche Zentrum. Stattliche Kirchen, prächtige Profan-Bauten und großzügige Plätze zeugen von einer wohlhabenden 800-jährigen Geschichte. Der humorvoll gestaltete Marktplatz und die aus Granitsteinen erschaffene Skulpturenpromenade am Mündesee setzen zudem künstlerische Akzente.

Angermünde ist aber auch aus landschaftlichem Blickwinkel eine Augenweide. Umgeben vom UNESCO Biosphärenreservat Schorfheide-Chorin und dem Nationalpark Unteres Odertal ist Angermünde der ideale Standort, sich auf Entdeckungsreise in zwei großartige Schutzlandschaften zu begeben. Mehr noch, auch das größte zusammenhängende Bio-Anbaugebiet befindet sich hier. Die steigende Nachfrage nach regional-biologischem Genuss bedienen Gastronomie, Hofläden und Verkaufsstände in zunehmendem Maße, auch entlang der zahlreichen Wander- und Radwege. Eingebettet ist dieses Wohlfühlprogramm in ein Netzwerk aus Tourismusangeboten, die gemäß der Leitidee »Natur heute erleben und für morgen bewahren« den nachhaltigen Naturtourismus schrittweise und zeitgemäß ausbauen. (angermuende-tourismus.de)

REGIONAL EINKAUFEN IM ÖKODORF

Sehr sehenswert ist das 20 Autominuten südlich von Angermünde **gelegene Ökodorf Brodowin**. Gleich vor Ort im Hofladen können frische, leckere Produkte aus biologisch-dynamischer Bewirtschaftung gekostet werden, der Bio-Lieferservice versorgt sogar Berlin und das ganze Umland. Im Rahmen einer für junge und ältere Jahrgänge gleichermaßen interessanten Hofführung kann Bio-Landwirtschaft live mit allen Sinnen wahrgenommen werden. Ein besonderes Schmankerl ist eine anschließende Tour mit dem Leihfahrrad und individuell zusammengestelltem Picknick-Korb. Die Radwanderkarte ist gleich dabei und führt zur genussvollen Rast am Parsteinsee oder Kloster Chorin. (brodowin.de)

◀ Naturschutzgebiet Blumberger Teiche ▶ Pilzkunde im Biosphärenreservat

◀ Alltags-Begegnungen beim Ökodorf ▶ Innenhof Kloster Chorin

AN DER KIRCHE in Altkünkendorf, circa zehn Kilometer westlich von Angermünde, startet der faszinierende Rundwanderweg durch einen wilden Wald von Weltrang, den Buchenwald Grumsin. Der markierte Weg führt auf elf Kilometern durch den Urwald des UNESCO Weltnaturerbes, vorbei an Kesselmooren und Waldseen. Willkommene Ablenkung unterwegs bieten eine Brotzeitpause in der Grumsiner Brennerei inklusive Führung, Kaffee und Kuchen in der Kunstgalerie Louisenhof oder in Schmargendorf das Hofcafé mit Milchladen. Der regelmäßig ab Bahnhof Angermünde verkehrende WelterbeBus macht übrigens die Entscheidung leicht, das Wohnmobil einfach stehen zu lassen. (tourismus-uckermark.de; für die Nutzung der informativen App: weltnaturerbe-buchenwaelder.eu)

KUNST UND KULTUR IM KLOSTER

Als herausragendes Baudenkmal früher Backsteingotik sticht das Zisterzienserkloster Chorin aus dem Jahre 1272 hervor. Mehrere Hundert Jahre lang lebten hier Mönche, deren mittelalterlicher Alltag heute in einer aufwendigen Ausstellung ausgezeichnet nachvollzogen werden kann. Im ehemaligen Infirmarium, dem Kranken- und Gästehaus der Mönche, finden quartalsweise wechselnde zeitgenössische Ausstellungen mit begleitenden Künstlergeprächen, Lesungen, Konzerte oder Workshops statt. Das Kirchenschiff verwandelt sich während des Choriner Musiksommers in eine zauberhafte Bühne für Theater- und Konzertaufführungen. Das Klostercafé mit Terrasse und Logenblick auf die fotogenen Backsteinbögen lockt bereits, vorher lohnt sich jedoch noch ein Spaziergang um den Amtssee, die Bullenwiesen oder über den Weinberg.

◀ Zugbrücke in Niederfinow am Finowkanal ▲ Schiffshebewerk Niederfinow ▼ Startpunkt »Atem schöpfen« Bad Freienwalde

DIE LEICHTIGKEIT EINES SCHIFFS

Das imposante **Schiffshebewerk Niederfinow** gehört zur Brandenburger Industriekultur, ist ein geschütztes Industriedenkmal und wurde 1934 als Gegengewichtshebewerk in Betrieb genommen. Die funktionierende Technik fasziniert, ist das beeindruckende Bauwerk doch noch immer mit einer Hubhöhe von 36 Metern in Betrieb. Nebenan ist dennoch das neue Schiffshebewerk entstanden, welches bald seinen Dienst aufnehmen soll. Neben Sportbooten, Fahrgastschiffen, Kanus und Kajaks, für die die Fahrt in der großen Badewanne – dem Trog – mehr Spaß als Pflicht bedeutet, benötigt die Berufsschifffahrt – früher wie heute – die Überwindung des Höhenunterschieds und die Verbindung von Havel und Oder, um ihre Fracht schnell und sicher zu transportieren. Den heutigen Schiffshebewerken vorausgegangen ist der älteste noch in Betrieb befindliche Kanal Deutschlands, der Finowkanal mit zwölf handbetriebenen Schleusen über eine Strecke von 32 Kilometern, 1743 von Friedrich dem Großen in Auftrag gegeben. Ein Wohnmobilstellplatz befindet sich direkt auf dem Parkplatzgelände im hinteren Teil, Gastronomie und auch ein ausgewiesener Besucherweg komplettieren das Angebot. (wsa-eberswalde.de)

EINE BESICHTIGUNGSFAHRT durch das Schiffshebewerk Niederfinow ist ein besonders beeindruckendes Erlebnis. Die Anlegestelle der Fahrgastschifffahrt Neumann ist vom Wohnmobilstellplatz leicht zu Fuß erreichbar, die Durchfahrtzeit beträgt zwischen 60 und 90 Minuten, bei drei Abfahrten täglich. Die Tour beinhaltet die Fahrt in den Trog, die Erläuterungen der Funktionsweisen sowie Fahrten im Ober- und im Unterhafen. (finowkanalschiffahrt.de)

WALDBADEN UND ATEM SCHÖPFEN

Schon mal bewusst die Stille genossen, im Licht gebadet und die Atmung den eigenen Schritten angepasst? Auf dem Gesundheitsweg Atem schopfen im Moorheilbad Bad Freienwalde, angesiedelt im Märkischen Bergwanderpark, wird das achtsame Sinne schärfen zum Aktiverlebnis. Denn hier kombiniert der mit Infotafeln markierte Weg die Gesundheitsvorsorge mit Spaß und ganz viel frischer Luft. Startpunkt ist an der Kurfürstenquelle auf dem Gelände der Fachklinik und Moorbad Bad Freienwalde. Zwei Stunden Zeit sollten für die knapp sechs Kilometer lange Strecke mindestens eingeplant werden. Schließlich sagt man dem Waldbaden besondere gesundheitsfördernde Begleiterscheinungen nach: Senkung des Blutdrucks, Reduzierung von Stress, Reizbarkeit und Müdigkeit sowie positive Wirkung auf das Immunsystem.

WANDERWEGE BAD FREIENWALDE: Rund um das Moorheilbad finden Wander-Enthusiasten neben dem Gesundheitsweg Atem schöpfen weitere Wanderziele, wie entlang des Moorwanderwegs, des Turmwanderwegs oder des Fontanewanderwegs. (bad-freienwalde.de/Bergwanderpark)

Tipp

Die Stephanus-Werkstätten, eine Einrichtung für Menschen mit Behinderungen, betreibt die Waldgaststätte »Köhlerei« mit angrenzendem Waldspielplatz und Streichelgehege. Der Ursprung geht zurück auf die 1973 im Landschaftsschutzgebiet Freienwalder Forst in Betrieb genommene Köhlerei zur Gewinnung von Holzkohle. Geöffnet Mittwoch-Sonntag. (stephanus.org)

AUF EINEN BLICK

Info

STADT/REGION: Barnimer Land
BESTE REISEZEIT: Frühjahr bis Herbst
OPTIMALE REISEDAUER: 3–4 Tage
TOURISTINFO: Alfred-Nobel-Str 1, 16225 Eberswalde, Tel. 03334/59 100, info@barnimerland.de, barnimerland.de

SEHENSWÜRDIGKEITEN

NABU-ZENTRUM BLUMBERGER MÜHLE: Blumberger Mühle 2, 16278 Angermünde, Tel. 03331/26 040, blumberger-muehle.nabu.de
KLOSTER CHORIN: Amt Chorin 11A, 16230 Chorin, Tel. 033366/70 377, besichtigung@kloster-chorin.org, kloster-chorin.org
SCHIFFSHEBEWERK NIEDERFINOW: Lieper Schleuse 6, 16248 Niederfinow, Tel. 033362/71 377, schiffshebewerk-niederfinow.info
GESUNDHEITSWEG «ATEM SCHÖPFEN«: Start/Ziel: Kurfürstenquelle am Moorbad, 16259 Bad Freienwalde, Tel. 03344/15 0890 (Touristinfo), info@bad-freienwalde.de, bad-freienwalde.de

STELLPLATZ AM SCHIFFSHEBEWERK

ADRESSE: Hebewerkstraße, 16248 Niederfinow, Tel. 033362/71 377, krafthaus@amt-bco.de, schiffshebewerk-niederfinow.info
ANFAHRT: Am Schiffshebewerk auf den gebührenpflichtigen Parkplatz abbiegen und zu den gekennzeichneten Wohnmobil-Stellplätzen fahren
GPS: 52.848141, 13.940346
Ganzjährig geöffneter, kostenpflichtiger PKW-Parkplatz mit Stellflächen am hinteren Parkplatzrand für ca. 15 Mobile auf Rasengitter-Untergrund. WLAN. Öffentliche, gebührenpflichtige WC-Anlage (nur tagsüber geöffnet), diverse gastronomische Angebote in unmittelbarer Nachbarschaft, ruhige Lage nach Beendigung des Tagestourismus. Sehr kurzer Fußweg zur Touristinfo und zum Startpunkt der Schiffsrundfahrten. Direkter Einstieg in die Rad- und Spazierwege entlang des Kanals.

◀ Womo-Aussicht Schiffshebewerk ▶ Stellplatz Angermünde

STELLPLATZ MARINA EISVOGEL

ADRESSE: Hubertusmühle, 16244 Schorfheide/OT Finowfurt, Tel. 0172/32 04 951, info@marina-eisvogel.de, schippelschute.de

ANFAHRT: Von Finowfurt über Hubertusweg und Hubertusmühle zum Heimathafen am Finowkanal

GPS: 52.844283, 13.652818

Von Mitte April bis Mitte Oktober geöffneter Stellplatz für acht Mobile auf Wiesenuntergrund. V/E (nur Grauwasser), Strom, WC/Dusche, Waschmaschine/Trockner, Kiosk. In ruhiger Lage direkt am Finowkanal gelegen. ÖPNV-Anschluss in der Nähe, Ortsmitte Finowfurt in ca. 4 km fußläufig erreichbar. Gut ausgebaute Fahrradwege mit Leitsystem. Fahrrad- und Kanuverleih vor Ort sowie Floßfahrt durch die handbetriebenen Schleusen des Finowkanals möglich.

STELLPLATZ AN DER STADTMAUER

ADRESSE: Parkplatz am Oberwall, 16278 Angermünde, Tel. 03331/29 76 60, info@angermuende-tourismus.de, angermuende-tourismus.de

ANFAHRT: Von der B158 in die Straße Am Kamp abbiegen, gleich wieder links in den Oberwall und am Parkplatz zum hinteren Ende durchfahren

GPS: 53.014391, 14.002321

Gebührenfreier, ganzjährig nutzbarer Stellplatz für fünf Mobile auf Pflaster-Untergrund. Frischwasser, Strom. Entsorgung am Klärwerk möglich (Tel. 03331/36 58 56, Montag–Freitag 8–15h). Ausweichstellplätze ohne Infrastruktur: Blumberger Mühle 7 km, Stolpe 10 km.

WASSER RECHTS UND WASSER LINKS

Oder oder Spree? Erholung ist garantiert!

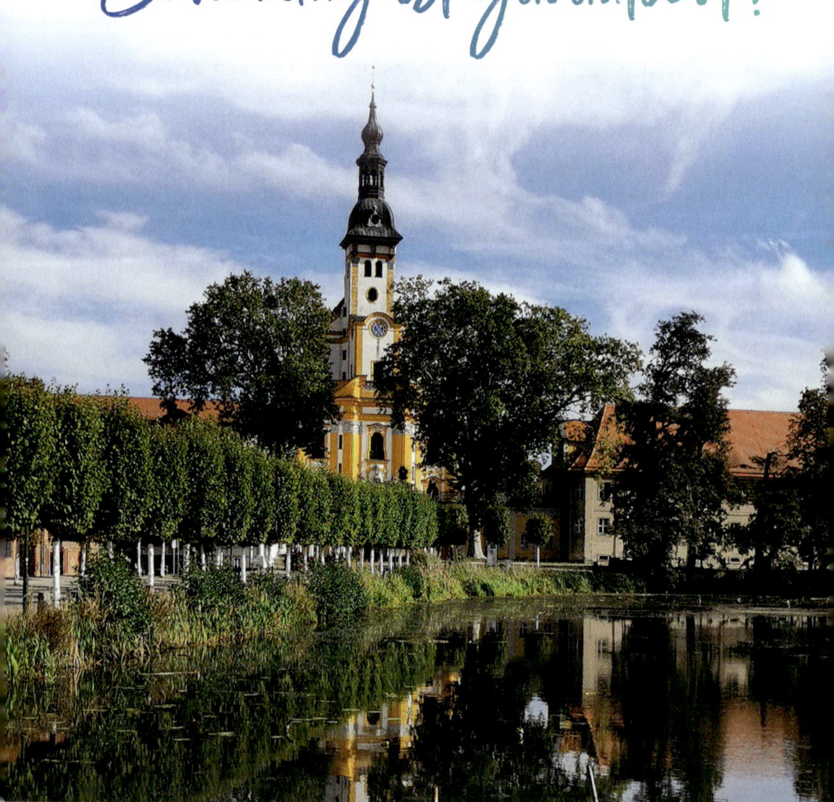

Kloster Neuzelle mit Klosterteich und Stundengebet

8

Im Wasserparadies Oder-Spree warten über 200 Badeseen darauf, aktiven Erholungssuchenden die perfekten Bedingungen für Sport und Entspannung, aber auch zum Energie sammeln und Kraft tanken zu bieten. Gemeinsam mit den beiden Flüssen Oder und Spree prägen sie beeindruckend das Landschaftsbild im Seenland Oder-Spree.

Während die Spree, ein 400 Kilometer langer Nebenfluss der Havel, aus dem Lausitzer Bergland und dem Spreewald kommend durch Beeskow bis nach Berlin-Spandau fließt, hat die Oder ihren Ursprung in Tschechien und ist in vielen Gebieten deutsch-polnischer Grenzfluss, um nach 866 Kilometer im Norden ins Stettiner Haff zu münden. Beeskow, die Stadt der Türme, ist in Kombination mit dem Schwielochsee idealer Ausgangspunkt für auszeitliche Stadt-Land-Fluss-Spiele im realen Leben – nämlich Stadttour, zudem paddeln beziehungsweise Boot fahren, Rad fahren oder wandern. Ein Ausflug zum Kloster Neuzelle verspricht Muse und Einkehr sowie Einblicke in die Oderauen. Bad Saarow am Scharmützelsee besticht mit der SaarowTherme und der Seepromenade. Die Märkische Schweiz ist beliebtes Ausflugsziel der Städter, entsprechend touristisch gestaltet sich das Angebot. Richtung Neuhardenberg mit beeindruckender Schlossanlage, dem ruhigen Örtchen Letschin und weiter nach Groß Neuendorf an der Oder wird es dann wieder beschaulicher.

TÜRME, BURG UND WASSER

Beeskow, rund 80 Kilometer südöstlich von Berlin, präsentiert sich als Stadt der Türme und einer Burg sowie ganz nebenbei noch mit Spree und zahlreichen Seen im Umland. Die Herren von Strele waren vor über 750 Jahren aktiv und bauten hier die Burg Beeskow, übrigens vor den Toren der Altstadt auf einer Flussinsel. Musikgeschichte aus einhundert Jahren erzählt die Instrumentensammlung im dort untergebrachten Musikmuseum. Eine der größten Kirchen der Mark Brandenburg, die imposante Marienkirche, und die gut erhaltene Stadtmauer mit ihren unterschiedlichen Türmen locken die Besucher in den historischen Stadtkern. Nach diesem Spaziergang fordert die Spree einen Perspektivenwechsel und eine Erkundung zu Wasser geradezu heraus.

8

DAS KUNSTARCHIV in Beeskow, das einen außergewöhnlichen und kunsthistorisch interessanten Bestand aus 40 Jahren DDR beherbergt, ist ein offenes Depot, dessen Besichtigung im Rahmen regelmäßiger Führungen möglich ist. (Kunstarchiv-beeskow.de)

URLAUBSTAGE AN DER SPREE

Wenn morgens das Sonnenlicht zart und vorsichtig die Nebelschwaden über der Spree durchbricht, wird die Stimmung mystisch und der Urlaubstag beginnt. Die Spree und ihre angrenzenden Seen warten darauf, entdeckt zu werden. Auf dem Wohnmobilstellplatz der Marina Beeskow sind durch Slipanlage und Gastliegeplätze auch mitgebrachte Boote herzlich willkommen, kann von hier aus doch das gesamte Wasserstraßennetz Brandenburgs befahren werden. Die Lage am Technischen Denkmal Wehr- und Schleusenanlage in Beeskow auf der Spreeinsel 5, fußläufig zur Burg und der dahinterliegenden Altstadt, ist ideal, um aktiv und entschleunigend ein paar Tage zu verbringen. (marina-beeskow.de)

TOLLER BLICK AUFS WASSER und eine richtig leckere Pizza (auch to go) – die Trattoria Venezia liegt auf der Spreeinsel 7, fußläufig vor der Marina Beeskow, mit Bootsanleger und Sonnenterrasse. Bestens geeignet, um mittags die Sonne zu genießen, den Abend gemütlich ausklingen lassen oder einfach Essen mit zum Wohnmobil zu nehmen.

◀ Perfekt für Boots- und Paddeltouren ▶ Stellplatz Marina Beeskow

Kampf der Sonne mit mystischem Nebel über der Spree

RADTOUR UM DEN SCHWIELOCHSEE

In 50 Kilometern einmal rundherum ist eine abwechslungsreiche Rad-Tagestour um den größten Brandenburger See. Die sehenswerte Handseilfähre in Leißnitz ist zugleich die letzte Gelegenheit, die Route abzukürzen und über Ranzig zurück nach Beeskow zu fahren.

Einen Besuch wert ist die StreleBurg in Friedland, knapp vier Kilometer von der Handseilfähre Leißnitz entfernt. Gegründet Ende des 13. Jahrhunderts als Slawenburg, beherbergt sie heute eine Museumswohnung und die Touristinfo. Das jetzige Aussehen entstand nach dem Brand 1623. Hier ist übrigens Zeit für die erste Rast, um auf der Burgterrasse den frischen, selbst gebackenen Blechkuchen der Burgschänke Friedland zu kosten. Mit etwas mehr Vorlauf, einem Standesamt-Termin und allen Papieren im Fahrradkörbchen kann im Trauzimmer der Burg geheiratet werden.

Von Friedland zehn Kilometer weiter Richtung Süden, am Fahrrad-Knotenpunkt 19, schlagen Nostalgikerherzen sicherlich höher beim Anblick der alten Uhr. Die Tour biegt nun Richtung Goyatz ab. Die Knotenpunktkarte gibt Auskunft über die weitere Route sowie Badestellen im südlichen Teil des Sees. Immer wieder überraschen und erfreuen Brückenüberfahrten mit Ausblicken auf glitzerndes Wasser, in den Wellen schaukelnden Booten, romantisch verschlungene Wege durch Wald und Wiesen sowie Tierbeobachtungen bis zum nördlichen Endpunkt in Beeskow.

◀ Spree und Schwielochsee, ideale Bedingungen für Wassersportler

▶ Radtour entlang von Feldern, Wiesen, Seen und Flussläufen

KANUTOUR ENTLANG DER SPREE – Aktiv die Freizeit leben und dabei vom Wasser die versteckten Schönheiten der Flusslandschaft Spree genießen. Die Paddel- oder Kanutour mit dem eigenen Boot beginnt nach der Schleuse bei der Marina Beeskow am Wohnmobilstellplatz, alternativ vermietet Albatros Outdoor knapp zwei Kilometer entfernt das Equipment. Brandenburgs einzige Handseilfähre verbindet die Ortschaften Ranzig und Leißnitz und ist zugleich Wendepunkt für die rund 16 Kilometer lange Route. (albatros-outdoor.de)

WANDERN IM SCHLAUBETAL

Südöstlich von Berlin und Schwielochsee verzückt ein kleines Wanderparadies mit Wäldern und Flusstälern Wanderfans zu jeder Jahreszeit. Das ausgebaute Wegenetz im Naturpark Schlaubetal und der Heidelehrpfad der Reicherskreuzer Heide mit Aussichtsturm und Findlingspark bei Henzendorf sind hübsche Ausflugsziele. Geführte Wanderungen der Naturwacht informieren über Insekten, Pflanzen oder Brutvogelarten. (schlaubetal-naturpark.de)

8

BAROCKKIRCHE AUSSERHALB BAYERNS?

Mönche singen das Stundengebet in der barocken Stiftskirche? Das Kloster Neuzelle, eine den Ort Neuzelle beherrschende, aufwendig sanierte und vollständig erhaltene Klosteranlage mit Klostergarten (1760 gestaltet) und Museum, blickt auf einen reichen Schatz an Klostergeschichte zurück. Das Land Brandenburg kann wahrhaft stolz auf seinen besonderen Barockschatz sein. Seit 2017 singt eine kleine Mönchsgemeinschaft im für den Choralgesang erbauten Raum der Stiftskirche das Stundengebet. In dieser Kulisse ist dies ein ganz besonderes Erlebnis. Die Chorgebetszeiten sind öffentlich, alle Besucher sind dazu herzlich willkommen, sich in Stille und Achtsamkeit der Atmosphäre hinzugeben. (zisterzienserkloster-neuzelle.de) Gut zu Fuß rund 800 Meter um den Klosterteich, alternativ zu den drei Kilometer entfernten, tischebenen Oderauen oder hoch auf den Kulisch Berg mit herrlichem Panoramablick auf die Klosteranlage, das weite Odervorland bis ins benachbarte Polen – entspannte Spaziergänge im Umfeld von Kloster Neuzelle sind abwechslungsreich und erholsam. (neuzelle.de)

PETRI HEIL an der Oder, zwischen Neuzelle bis Höhe Wiesenau beziehungsweise Oder & Altgewässer von Lebus bis Ortwig. Das Gebiet umfasst 700 Hektar, Angelkarten werden durch die Fischereigenossenschaft Schlaubefisch e.G. verkauft, in den Gewässern befinden sich Hecht, Zander, Barsch, Wels und Rapfen. (schlaubefisch-eg.de)

◀ Wasserwanderrastplatz in Kummerow ▶ Barockschatz Kloster Neuzelle

8

DIE KLEINE MÖNCHSTOUR – die alten Mönche waren gut zu Fuß und ebenso gut darin, Orte und Land zu erwerben. Die Radtour Kleine Mönchstour startet auf dem Oder-Neiße-Radweg und führt zuerst nach Ratzdorf, dem Ort des vom Jahrhunderthochwasser 1997 berühmten Pegelhäuschen. Weiter geht es auf insgesamt 39 Kilometer über Coschen, Wellmitz und Schwerzko zurück nach Neuzelle. (seenland-oderspree.de/Media/Touren/Kleine-Moenchstour)

SPORTLICH AKTIV AM KÜHLEN NASS

Segeln, surfen, rudern, paddeln, mit Stand-up-Paddeln die Fitness erhöhen oder mit dem Motorboot den See erkunden, um stille Badebuchten zu finden – für alle anderen gibt es die Fahrgastschifffahrt mit Rundfahrtenangeboten, bei denen die frische Brise um die Nase weht. So präsentiert sich der Scharmützelsee, der zweitgrößte Brandenburger See, an dem jeder seine liebste Wassersportgelegenheit findet – garantiert! Bad Saarow lädt mit Strandpromenade und zahlreichen Bistros und Cafés zum Verweilen, Freunde treffen oder Bummeln ein. Vermietstationen preisen Motorboote an oder einen Platz beim Segeltörn. Selbst Anfänger finden unterschiedliche Kursangebote. Übrigens, gut zu wissen ist: In mehr als 25 umliegenden Waldseen ist eine Erfrischung im kühlen Nass an allen öffentlich zugänglichen Stellen möglich.

Fahrgastschifffahrt am Scharmützelsee

◀ Sebastian Kneipps Spuren in Buckow ▶ Literaturpfad im Fontanepark

AUSZEIT IN DER SAAROWTHERME bedeutet, das Thermalsole- und Moorheilbad in Saarow mit allen Sinnen zu genießen. Ein Tag für sich, ein Tag für die Gesundheit, Wellnessbäder, Saunalandschaft, Innen- und Außenbecken, warmes Sole-Thermalbad und vieles mehr warten. Und wer nach Wasser und Wonne noch Lust auf Luft hat, spaziert danach durch den direkt angrenzenden Kurpark. (therme.bad-saarow.de)

Der Literaturpfad im Fontanepark, gespickt mit stetig wechselnden Ausblicken auf den Scharmützelsee, bringt auf 16 Tafeln mit Fontanezitaten eine wohltuende Inspiration für Körper und Geist. Gut erreichbar ist der Fontanepark mit fußläufigem Anschluss an Uferstraße und Promenade vom Wohnmobil-Parkplatz an der Silberberger Straße, 400 Meter zu Fuß entlang der Parkstraße bis zum See.

BUCKOW UND DIE MÄRKISCHE SCHWEIZ

Mit den Füßen ins kühle Nass, Sebastian Kneipp bei Schritt und Tritt auf der Spur, das muss wohl in Buckow sein. Das Kneippbecken liegt hinter der Touristinfo und dem Kneipp-Kräutergarten. Oder wie wäre es mit der hier startenden Buckower Kalorienpromenade? Elf Kilometer durch die Märkische Schweiz und mit jedem Schritt werden Kalorien verbrannt. Die Märkische Schweiz klingt bereits im Namen nach Urlaub und Erholung und sie wird alles dafür tun, diesem Prädikatsmerkmal zu entsprechen. Überall im Kneippkurort Buckow und Umgebung finden gesundheitsbewusste Menschen Informationen und Anbieter rund um die Themen Bewegung, Ernährung, Wasser oder Heilpflanzen. Reich an Natur und Kultur, an Seen und Gärten bietet der kleinste, aber dienstälteste Naturpark Brandenburgs viel Abwechslung. Bewusst und aufmerksam erleben, gerne beim Spaziergang am Schermützelsee, um eine der 53 von 75 heimischen Libellenarten, die im Naturpark Märkische Schweiz leben, zu beobachten.

▲ Schloss und idyllische Parkanlage Neuhardenberg ◀ Alles für die Gesundheit ▶ Wassertreten nach Kneipp in Buckow

Garten und Gesundheit, das passt auch im Buckower Schlosspark, um 1800 im Stile eines englischen Landschaftsparks mit zentralen Sichtachsen und geschwungenen Wegen umgestaltet, perfekt zusammen.

Tipp

Kraftgenährte Orte in der Märkischen Schweiz unterstützen das Netzwerk HeilSame LebensWeisen. Mit den Hintergründen Heilen, Bilden und Leben, besonders mit der Natur verbunden und im Bewusstsein der heilenden Kräfte, hat sich das Netzwerk zusammengefunden. Persönliche Treffen und regionale Veranstaltungen laden Gäste und Interessenten dazu ein, teil zu nehmen und teil zu haben an den Veränderungen in dieser Zeit. (heilsame.lebensweisen.de)

LUST AUF WAKEBOARDEN, aber noch keine Erfahrung? Der Wakepark Petersdorf bietet am Petersdorfer See für Kinder und Erwachsene Wochenend- und Ferienkurse an. Der Einstieg in den öffentlichen Seilbahnbetrieb ist täglich zwischen Mai und November abhängig von der Wetterlage möglich. (wakepark-petersdorf.de.)

8

SCHLOSS NEUHARDENBERG

Ein wahrhaft märkisches Refugium und bedeutendes Schlossensemble bildet die architektonische Einheit von Schloss Neuhardenberg. Der Ende des 18. Jahrhunderts auf alten Kellergewölben errichtete repräsentative barocke Herrensitz wurde nach 1801 mit Schlossnebengebäuden erweitert. Für den 1817 vollendeten Kirchenneubau bekam der damals weitgehend unbekannte Architekt Karl Friedrich Schinkel den Auftrag. Heute umfasst die Anlage mit wechselhafter Geschichte den von englischer Gartenkunst inspirierten und frei zugänglichen, großzügigen Landschaftspark mit Spazierwegen, See und prächtiger Kastanienallee, zudem Gastronomie, Hotel und Veranstaltungsräume. Ein Blick in den abwechslungsreichen Veranstaltungskalender mit namhaften Gastspielenden lohnt.

GROSSE SCHAUKEL IM KULTURHAFEN

Die Beine baumeln lassen und das losgelöste Kindheitsgefühl von Schweben und Freiheit wird wieder lebendig. Die beiden Groß-Schaukeln im Kulturhafen Groß-Neuendorf sind verständlicherweise sehr beliebt und nur drei Kilometer vom Wohnmobilstellplatz in Letschin/Kienitz entfernt. Radfans finden hier den direkten Einstieg in den Oder-Neiße-Radweg. Tagsüber ist das Parken mit dem Wohnmobil am Hafenparkplatz gestattet. Nach der Eindeichung des Oderbruchs und der Urbarmachung des Ackerbodens im 18. Jahrhundert wurde aus dem ursprünglichen Fischerdorf ein Bauerndorf, das auch Handwerksfamilien anzog. Die zehn Ortsteile von Letschin sind geprägt von der flachen Oderlandschaft mit Feldern und Wiesen. Störche bauen hier gerne ihre Nester. Im Osten begrenzen Deich und Oder die fantastische Idylle.

Tipp

Der Naturlerbnishof Uferloos ist ein alter Bauernhof in Kienitz, der direkt an der Oder von einer Familie mit drei Kindern bewirtschaftet wird. Der Hof hält für Kinder und Erwachsene interessante Naturerlebnisse wie Deichwanderungen, Biber beobachten, Umweltbildung, Erlebniswanderungen und Kanuverleih bereit. Ist doch die Auenlandschaft der Oder Natura 2000 Schutzgebiet und das Zuhause von Biber, Fischotter, Fisch- und Seeadler. (uferloos.de)

AUF EINEN BLICK

Info

STADT/REGION: Seenland Oder-Spree
BESTE REISEZEIT: Frühjahr bis Herbst
OPTIMALE REISEDAUER: 2–3 Tage
TOURISTINFO: Ulmenstraße 15, 15526 Bad Saarow, Tel. 033631/86 81 00, info@seenland-os.de, seenland-oderspree.de

SEHENSWÜRDIGKEITEN

BURG BEESKOW: Frankfurter Straße 23, 15848 Beeskow, Tel. 03366/35 27 12, info@burg-beeskow.com, burg-beeskow.de
KLOSTER NEUZELLE: Stiftsplatz 5, 15898 Neuzelle, Tel. 033652/71 51, info@zisterzienserklosteer-neuzelle.de, zisterzienserkloster-neuzelle.de
THERME BAD SAAROW: Am Kurpark 1, 15526 Bad Saarow, Tel. 033631/86 80, info@bad-saarow.de, bad-saarow.de
KNEIPP-KURORT UND KRÄUTERGARTEN BUCKOW: Sebastian-Kneipp-Weg 1, 15377 Buckow (Märkische Schweiz), Tel. 033433/15 00 31, touristinfo@amt-maerkische-schweiz.de, maerkischeschweiz.eu, kurstadt-buckow.de
SCHLOSS NEUHARDENBERG: Schinkelplatz, 15320 Neuhardenberg, Tel. 033476/ 60 07 50, info@schlossneuhardenberg.de, schlossneuhardenberg.de

◀ Schinkel-Kirche Schloss Neuhardenberg ▶ Radeln entlang der Oder

◀ Platz für die Auszeit ▶ Stellplatz Marth, traumhaft unter Bäumen

STELLPLATZ MARINA BEESKOW

ADRESSE: Spreeinsel 5, 15848 Beeskow, Tel. 03366/15 20 930, Mobil 0170/20 46 748, spreeinsel@marina-beeskow.de, www.marina-beeskow.de

ANFAHRT: In Beeskow die Straße »Spreeinsel« entlang der Spree bis zum Ende fahren

GPS: 52.169725, 14.252498

Von Anfang Mai bis Ende September geöffneter Stellplatz für ca. 30 Mobile auf Wiesenuntergrund. V/E, Strom, Dusche/WC. Anmeldung beim Hafenmeister. In sehr ruhiger, idyllischer Lage an einer kleinen Marina und der Spree gelegen. Boots-Charter möglich. Schönes Restaurant mit Terrasse, Museum Burg Beeskow und historische Altstadt in kurzer Gehdistanz.

STELLPLATZ MARTH

ADRESSE: Kienitzer Oderstraße 20, 15324 Letschin/OT Kienitz, Tel. 033478/45 96

ANFAHRT: Von Letschin nach Kienitz, von der Kienitzer Oderstraße nach rechts in den Gartenweg abbiegen, Zufahrt nach wenigen Metern links

GPS: 52.676586, 14.398577

Von Anfang April bis Ende Oktober geöffneter Stellplatz für ca. acht Mobile auf Rasenuntergrund. V/E, Strom, Dusche/WC. In absolut ruhiger Lage am Orts- und Feldrand. Familiär und mit Herz geführter kleiner Stellplatz. Kurze Distanz zum Oder-Neiße-Radweg und zum Kulturhafen Groß-Neuendorf (3 km).

MAGISCHES RENDEZ-VOUS SPREEWALD

Zwischen Fliess und Kanal

Fließe in Schlepzig, abends und zum Herbst kehrt Ruhe ein.

9

Um kaum eine deutsche Urlaubsregion ranken sich so viele Legenden und Mythen wie um den Spreewald. Was alle Geschichten eint, ist die unwiderstehliche Anziehungskraft auf seine Besucher. Diese einzigartige Natur in sich aufsaugen zu können, ist Therapie für die Seele und Tankstelle für grüne Energie.

GRÜNE MOSAIKJUNGFER UND SUMPFPORST

Nie gehört? Dann besteht im Biosphärenreservat Spreewald endlich die Gelegenheit zum Kennenlernen von Edellibelle und Heidekrautgewächs. Als eines der deutschlandweit 16 von der UNESCO anerkannten Schutzgebiete befindet sich 100 Kilometer südöstlich von Berlin eine für Mitteleuropa einmalige Naturlandschaft. Die reinen Fakten lassen bereits aufhorchen: 47 500 Hektar Gesamtfläche, 1500 Kilometer Fließe, 5000 Tier- und Pflanzenarten. Die besonders schützenswerte Fauna und Flora findet in den Fließgewässern, den Feucht- und Nasswiesen sowie im Bruch- und Auenwald des Spreewalds eine überlebenswichtige Rückzugs-Oase für die Erhaltung unseres Ökosystems. In den Ausstellungen der drei Besucherzentren in Lübbenau, Burg und Schlepzig können Interessierte erleben, wie spannend Natur sein kann.

BESUCHERMAGNET KAHNFAHREN

In Hochsaisonzeiten sind die Fährhäfen in Lübbenau, Burg oder Lübben größter Anziehungspunkt für ganze Touristenschwärme. Gastronomen, Souvenirhändler, Standbetreiber und Fährleute wetteifern lautstark um den Zuschlag konsumwilliger Besucher. Der ansonsten beschauliche Spreewald lässt sich hier für einige sommerliche Monate gänzlich aus der Fassung bringen. Abseits des Rampenlichts gibt es jedoch kleine Dörfer und gar Einzelgehöfte mit idyllischen Naturhäfen, die ebenfalls Kahnfahrten anbieten. Die reduzierte touristische Infrastruktur wird von einem ursprünglicheren Naturerlebnis mehr als wettgemacht.

Mit angeblichen »Geheimtipps« ist es immer so eine Sache: jeder ist daran interessiert, um dann vor Ort enttäuscht feststellen zu müssen, dass auch andere davon erfahren haben. So viel Unbekanntes gibt es (leider) nicht mehr. Insofern verbleibt immerhin der Tipp, mal in Lehde, Alt-Zauche, Straupitz oder Raddusch vorbeizuschauen.

9

VON SORBEN UND WENDEN ist viel zu hören im Spreewald beziehungsweise seiner sorbischen Bezeichnung Błota (für »Sümpfe«). Die Völkerwanderung ab dem 6. Jahrhundert brachte westslawische Siedler auch in dieses Gebiet. Beide Begriffe werden synonym verwendet, je nach Blickwinkel des Betrachters, obwohl es feine Unterschiede gibt. Dem Besucher fallen zuallererst die zweisprachigen Ortsschilder auf. Je intensiver man aber in die Beschäftigung mit der Geschichte der Sorben im Spreewald gerät, desto mehr wird ihre kulturelle Bedeutung und Bereicherung für die Region spürbar. Auf zahlreichen Veranstaltungen werden sorbische Traditionen und Bräuche bis heute gepflegt, die sorbische Sprache an Schulen unterrichtet. Besonders fotogen sind die mit Blumenstickereien verzierten Trachten, ein beliebtes Souvenir die kunstvoll bemalten Ostereier. Interessante Einblicke in Geschichte und Lebensweise der Sorben ermöglicht das Heimatmuseum in Dissen. (heimatmuseum-dissen-spreewald.de)

SCHINKELS DORFKIRCHE

Überragend und von außergewöhnlicher Architektur ist die Schinkel-Kirche in Straupitz. Eingeweiht im Jahr 1832, gilt die markante Kirche mit der Doppelturmanlage als ein Meisterwerk des Klassizismus und Kultur-Glanzstück im Spreewald. Ihren Namen verdankt sie dem könig-

◀ Naturhafen Raddusch ▶ Sorbisches Brauchtum leben: handbemalte Eier

Dreifachmühle mit Wohnmobilstellplatz in Straupitz

lich-preußischen Oberbaurat Karl Friedrich Schinkel, der die Entwürfe im Stil einer altrömischen Basilika fertigte. Der politischen Wende 1989 ist es zu verdanken, dass das stark baufällig gewordene Gebäude nicht abgerissen, sondern mit großem Finanzaufwand saniert wurde. Mehr Informationen geben gerne die ehrenamtlichen Kirchenführer nach Voranmeldung. (schinkelkirche-straupitz.de)

SPREEWALDGOLD FÜR GOURMETS

In Straupitz befindet sich mit der Holländerwindmühle ein besonderes Schmuckstück. Die letzte produzierende Dreifachwindmühle Europas mit Mahl-, Öl- und Sägemühle ist einen Besichtigungs-Stopp wert. Auf einem videounterstützten Rundgang können alle drei Mühlen besichtigt werden. Das Verständnis um die Leinölproduktion mündet vermutlich in einen Besuch des Mühlenshops. Hier wird täglich das stolz als »Spreewaldgold« bezeichnete Leinöl produziert. Durch die schonende Pressung bleiben die wichtigen Inhaltsstoffe erhalten und machen das nussig schmeckende Speiseöl zu einer wertvollen Ernährungszutat. Das einladende Hofareal verführt zum Verzehr mancher Leckereien und wer möchte, kann auf dem angrenzenden Stellplatz auch übernachten. (windmuehle-straupitz.de)

LUSTPADDELN BEIM WASSERWANDERN

Auf dem Wasser durch den Spreewald zu gleiten ist wahrscheinlich das entspannendste Urlaubsvergnügen. Das langsame Vorwärtskommen und die Perspektiven vom Wasser aus wirken entschleunigend und sind Balsam für die Augen. Die Möglichkeiten, dies immer wieder neu zu erleben, sind

Fertig zum Lospaddeln im Naturhafen Leipe

in Brandenburgs schönstem Wasserrevier schier unendlich. Ob mit dem Paddelboot, SUP, Kajak oder Kanu, der Traum vom puristischen Naturerlebnis kann hier ausgelebt werden. Wer kein eigenes Wassergefährt mitbringt, findet vor Ort zahlreiche Verleihstationen. Besonders reizvoll ist das Biwakieren, das Übernachten im Zelt an ausgewählten Plätzen. Warum nicht einmal die Komfortzone des Wohnmobils für eine Nacht gegen das schöne Gefühl früher Campingerlebnisse eintauschen? Mit über 1 500 Kilometern Gewässernetz ist Abgeschiedenheit ein nachhaltiges Privileg im Biosphärenreservat; detaillierte Wasserwanderkarten helfen bei der Orientierung durch das Labyrinth. Je nach Laune und Kondition stehen Tagestouren beispielsweise von Cottbus nach Burg oder Mehrtagestouren zur Auswahl. Wer das Paddel nicht mehr loslassen möchte, kann übrigens vom Spreewald bis Berlin wasserwandern. (spreewald.de/kanu-paddeln/wasserwandern)

IM WECHSELSPIEL zwischen romantischen Fließen, malerischen Seen, lieblichen Wiesenlandschaften und historischen Gutshöfen bleibt die Märkische Heide beinahe unentdeckt neben dem großen Bruder Spreewald. Gut so, werden sich einige denken, denn das bewahrt diesem verträumten Landstrich rund um Neuendorfer und Groß Leuthener See die natürliche Gelassenheit für Ruhesuchende. (maerkische-heide.de)

9

TRADITION TRIFFT ROMANTIK

Als Zentrum des Unterspreewalds wird das schmucke Dorf Schlepzig bezeichnet, mit über 1000 Jahren Geschichte eine von Brandenburgs ältesten Gemeinden. Im Besucherzentrum Alte Mühle gewährt die Dauerausstellung »Unter Wasser unterwegs« Einblicke in das Fließ-Leben unter der Wasseroberfläche. Authentische Eindrücke von der Lebensweise der Bewohner im 19. Jahrhundert vermittelt das Bauernmuseum. Besonders lohnend ist eine entspannende Kahnfahrt, die durch den romantischen Ort führt. An Wochenenden kann in der historischen Getreidemühle frisch gebackenes Mühlenbrot eingekauft werden. Und dass es neben der Gurke auch noch andere lokale Spezialitäten gibt, beweisen Spreewaldbrauerei und -brennerei. (schlepzig.de)

URLAUB IN BRANDENBURGS TROPEN

Von der Autobahnabfahrt kommend, gibt die Landstraßenzufahrt lange nicht den Blick frei auf Europas größte tropische Urlaubswelt. Wie aus dem Nichts überragt dann urplötzlich das markante Gebäude des Freizeit- und Badeparadieses Tropical Islands die vorgelagerte Landebahn. Die Gedanken schweifen zurück zur Jahrtausendwende und ehemaligen Cargolifter-Zeiten, als visionäre Lastenluftschiff-Pläne den Grundstein für die weltgrößte freitragende Halle legten.

Heute heben hier keine Zeppeline mehr ab. Seit 2004 erfreuen sich euphorisierte Besucher jeder Alterskategorie an der gelungenen Umwidmung

◀ In sich ruhen, die Natur vorbeiziehen lassen. ▶ Bauernmuseum Schlepzig

9

zum Spaßbad der Superlative. Die Ausmaße der Werfthalle von 107 Metern Höhe, 210 Metern Breite und 360 Metern Länge ist von außen betrachtet schon beeindruckend. Der Blick vom Inneren in Kombination mit einer perfekt inszenierten tropischen Wasserlandschaft ist noch faszinierender. Das Freizeitangebot rund um das Badevergnügen ist vielfältig und lässt keine Langeweile aufkommen. Das Einchecken auf dem betriebseigenen Campingplatz bietet Wohnmobilisten eine perfekte Gelegenheit für »tropisches« Urlaubsvergnügen.

Tipp

Einen besonders schönen Panoramablick auf die Tropical Islands-Halle, den Unterspreewald und das Dahme-Seenland ermöglicht der Wehlaturm in den Krausnicker »Bergen«. Der 144 m hohe Wehlaberg erfordert keine alpinen Wandererfahrungen, der lockere Spaziergang kann ab dem kostenpflichtigen und bestens überwachten Waldparkplatz Groß-Wasserburg starten.

◀ Wanderung zum Wehlaturm ▲ Einfahrt zum Spaßbad Tropical Islands
▼ Sonnenuntergang über den Baumwipfeln beim Wehlaturm

◀ Sundown über den Brandenburgischen Tropen ▶ Spreewald-Leinöl

TREFFPUNKT ZUM KUSS IM ZENTRUM

Ein Blick auf die Landkarte verdeutlicht, weshalb sich Lübben in seinem Marketingauftritt selbstbewusst als »Stadt im Spreewald« bezeichnet. Zentral gelegen am Übergang von Unter- zu Oberspreewald, treffen hier Wege aus allen Himmelsrichtungen zusammen. Herzliche Gefühle zu Lübben entwickeln sich schon beim ersten Kennenlernen. Der Rundgang über die gepflegte Schlossinsel mit Stopps beim Klanggarten, Labyrinth und Wasserspielplatz ist ein erster Flirt, der an der einladenden Naturbadestelle SpreeLagune schnell intensiver wird. Romantisch veranlagte Besucher träumen alsbald von der schönen Sorbenprinzessin und der Liebesgöttin Liuba. Ihr huldigten einst die Wenden an der Liuba-Stein Kultstätte mit Gebet und Opfer, heutzutage treffen sich hier Verliebte zu einer neuzeitlicheren Sympathiebekundung. Reisende im Herbst sollten sich das dritte Wochenende im September ankreuzen, wenn beim Spreewaldfest in der ganzen Stadt lebensfroh gefeiert wird.

Tipp

Liebhaber von Speiseöl sollten einen Stopp in Golßen einlegen. Golßen? Richtig, das ist der in der DDR bekannte Ort der VEB Spreewaldkonserve gewesen. Da ist sie wieder, die Gurke, die einen hier auf Schritt und Tritt begleitet. Jetzt geht es aber um die kaltgepressten, gesunden und schmackhaften Öle, die in der Kanow-Mühle Sagritz produziert werden. Vor allem wegen der Leinöle bekannt, bietet der Hofladen inzwischen eine Vielzahl von Naturölen an. Regionale Produkte wie Mehle, Honig, Fruchtaufstriche und Bio-Produkte erweitern das Sortiment. Führungen durch die historische Mühle nach Voranmeldung. (kanow-muehle.de)

Wasserparadies Spreewald in Kombination mit dem Wohnmobil

SPREEWÄLDER GURKEN ist eine EU-weit geschützte Bezeichnung für die eingelegte Traditionsspezialität aus Brandenburg. Ein Spreewaldbesuch ohne Verzehr dieser leckeren grünen Knack-Delikatesse? Undenkbar! Fast an jeder Ecke ist die Gurke hier erhältlich, die Empfehlung lautet: unbedingt probieren! Verfeinert mit unterschiedlichsten Kräutern und Gewürzen, findet sich in Kürze der persönliche Geschmacksfavorit. Erfahrungsgemäß sind dann auch schnell einige Gläser auf der Rückreise dabei, sei es zum Verzehr unterwegs, zu Hause oder als Mitbringsel. Wer auf den Geschmack gekommen ist und sein Wissen vertiefen möchte, wird im Gurkenmuseum in Lehde fündig. (gurkenmuseum.de)

NATUR HAUTNAH ERLEBEN

In **Wanninchen**, südöstlich von Luckau im Naturpark Niederlausitzer Landrücken, betreibt die Heinz Sielmann Stiftung ein **Natur-Erlebniszentrum**. Jahrzehntelang litt die Natur hier unter dem Kohleabbau, heute ist die ehemals geschundene Landschaft insbesondere ein Vogelparadies geworden. Auf 3 300 Hektar Wald-, Seen- und Dünenfläche haben viele Tierarten eine neue Heimat gefunden, eine Führung mit fachkundigen Wildnisführern ist lohnend.

Natursüchtige können an diesem Ort ihre Droge ganz legal erwerben und für eine Nacht ihr Wohnmobil gegen ein Zelt tauschen: Die würfelförmige Herberge mit Sternenguckfenstern steht inmitten der Natur direkt am Seeufer, inklusive Chill-Box mit leckeren, veganen Bio-Snacks und Getränken. Naturkonzert und Nachthimmel sorgen so für ein tief beeindruckendes, nachhaltiges Naturerleben. (sielmann-stiftung.de)

ALTSTADT ZUM VERLIEBEN

Luckau mit seiner stilvoll restaurierten Altstadt lässt sich mit dem Abstecher in die Natur bei Wanninchen wunderbar verbinden. Der Rundgang entlang der Stadtmauer, der historische Ortskern mit der imposanten Hallenkirche St. Nikolai, dem klassizistischen Rathaus und den Renaissance-Bürgerhäusern ist eine einzige Augenweide. Der Parkplatz am Stadtpark hat ausgewiesene Wohnmobilstellplätze für den Stadtbesuch und empfehlenswerten Spaziergang durch die schönen Parkbereiche. (luckau.de)

DER GURKE AUF DEN GRUND GEGANGEN

Wer ihr bisher auch entkommen konnte, spätestens in Lübbenau ist damit Schluss. In der »Stadt der Gurken« dreht sich so ziemlich alles um das grüne Freilandgewächs. Gurkenmarkt, Gurkenmuseum, Gurkenkönigin, Gurkenmeile – wen wundert´s, immerhin gilt die Spreewaldstadt als Geburtsort der sauren Salzgurke: In Lübbenau angesiedelte holländische Tuchmacher entgingen im 16. Jahrhundert der Hungersnot durch die Konservierung von Lebensmitteln. »Die Gurken ja von Lübbenau/sind in der Welt bekannt/Gedeih´n so nur in dieser Au/und wandern weit in´s Land« steht stolz auf einer kolorierten alten Postkarte. Von der Blütezeit mit zahlreichen Gurkeneinlegereien sind bis heute nur wenige übriggeblieben. Wer hinter die Kulissen der Herstellung schauen möchte, kann dies aber während der Gurkenzeit im Ortsteil Boblitz im Rahmen einer Betriebsbesichtigung tun.

◀ Die Spreewälder Gurke – das Original! ▶ Der sorbische Glücksdrache Plon

9

Wer zwischendurch Ablenkung von dieser Gurkenvielfalt sucht, findet sie beispielsweise im Freizeit- und Erlebnisbad Spreewelten, bei Bedarf sogar beim Wettschwimmen mit Pinguinen. Fans der TV-Krimireihe Spreewaldkrimi können ab Hafen Lübbenau an themenspezifischen Kahn-Sonderfahrten zu den Drehorten der Produktion teilnehmen. Originale Hofanlagen wurden im Freilandmuseum Lehde wieder aufgebaut, um das Spreewälder Leben vor über 100 Jahren detailgetreu nachzuempfinden. Aktuelles Leben mit Theater-, Musik- und Freizeitangeboten findet im historischen Gebäudeensemble des Gleis 3 Kulturzentrums statt. (luebbenau-spreewald.com)

MIT VELO, STIEFEL UND KREMSER

Wie könnte es auch anders sein? Natürlich gibt es im Spreewald einen Gurkenradweg! Der 260 Kilometer lange Themenrundweg ab und bis Lübben lässt sich in fünf schöne Tagesetappen aufteilen. Die Gurke ist chancenlos, nach dieser Tour ist ihr jedes Geheimnis entlockt. Rund um Burg locken mit Storchen-, Heuschober- und Oberspreewald-Tour thematische Radausflüge von jeweils rund 30 Kilometer Länge. Radeln nach Zahlen heißt das 1 000 Kilometer umfassende Radwegenetz zwischen Spree und Neiße. Die Orientierung ist dank einer Knotenpunkt-Wegweisung kinderleicht, ein Teilabschnitt des Spreeradweges von der Spreequelle in der Oberlausitz bis nach Berlin zur Einmündung in die Havel führt auch durch den Spreewald.

◀ Radwege führen hier über Brücken. ▶ Spreewald vom Feinsten

Einige Häuser sind nur per Kahn erreichbar.

Unter Wanderfreunden gilt der Spreewald als eines der schönsten Reviere Deutschlands. Das pittoreske Gesamtkunstwerk des Spreewalds in Kombination mit minimalen Steigungen machen die Region zu einem sehr beliebten Allrounder für jedermann. Schon der Dichter Theodor Fontane (1819–1898) setzte mit seinen »Wanderungen durch die Mark Brandenburg« dem Spreewald, seinen Bewohnern und ihren Geschichten ein zeitloses Denkmal. In Burg würdigte man dies mit dem Fontaneweg, der auf zehn Kilometer Rundweg viel Hintergrundinformationen zum Werk Fontanes liefert. Zu vielen weiteren Wanderwegen beraten die lokalen Touristinfos gerne mit Tipps und Karten.
Entspannt mit dem Pferdeomnibus unterwegs zu sein bedeutet, andere für sich die Muskeln spielen zu lassen. Der nach dem Berliner Fuhrunternehmer Simon Kremser benannte Planwagen mit Längsbänken ist die erhabene Art, den Spreewald mit natürlichen Pferdestärken zu entdecken. Verpflegung an Bord macht das Erlebnis noch angenehmer, Schlechtwetter ist kein Hindernis. Empfehlung: aufsteigen, anlehnen und genießen!

WENN AUS HUMOR EIN KALAUER WIRD

Als »kerngesunde Kleinstadt mit Witz« bezeichnet sich Calau und bezieht sich damit auf die Geschichte, nach der die im 19. Jahrhundert hier tätigen Schuster Wortspiele mit Doppeldeutigkeit ersannen. Damit war der »Kalauer« in aller Munde. Zu größerer Bekanntheit hat den Kalauer zunächst die politisch-satirische Zeitschrift Kladderadatsch und später der

▲ Der Spreewald außerhalb der Spree ◀ Slawenburg Raddusch bei Vetschau ▶ Ein wieder aufgebautes Bollwerk, super für den Familienausflug

Komiker Heinz Ehrhardt gebracht. Genug Anlass für die Stadt, auf einem 25 Plätze umfassenden »Witzerundweg« ausgewählte Kalauer zum Besten zu geben. Das Motto der Schustergesellen: »Wer diese Stadt noch nicht gesehen, der müsst´ zur Strafe barfuss gehen!« kann nachvollziehen, wer sich diesen Spaß bei einem geführten Rundgang gönnt. »Einzelgänger« holen sich die Stadtkarte mit Rundweg beim Info-Punkt in der Cottbuser Straße 32. In jedem Fall erfolgt die Rückkehr zum Reisemobil mit einem Lächeln im Gesicht. (calau.de)

SCHNITTSTELLE UND RÜCKZUGSGEBIET

Wo das Biosphärenreservat Spreewald in das Lausitzer Seenland übergeht, empfängt **Vetschau** seine Besucher. Der erste Anlaufpunkt der Touristinfo führt gleich zum denkmalgeschützten Gebäudekomplex des **Renaissance-Schlosses**; eine Besichtigung der Schlossräume ist nach

Anmeldung in der Touristinfo möglich. Gleich in der Nähe befindet sich mit der Wendisch-Deutschen Doppelkirche ein Kuriosum deutscher Geschichte: Zwei Kirchen teilen sich einen Kirchturm, beide sind durch die Sakristei miteinander verbunden. Die Begriffsbezeichnung »Wenden«, veraltet für Slawen im deutschsprachigen Raum, wird in dieser Region für sorbische Bewohner verwendet. Die Predigten in wendischer und deutscher Sprache liegen lange zurück, die Einzigartigkeit ist geblieben. Weiter geht es zum NABU-Weißstorchzentrum, wo neben vielen Infos rund um den hier beheimateten Großvogel ein Storchenhorst dank Kamera und Mikrofon aus nächster Nähe beobachtet und gehört werden kann. (storchennest.de)
Zurück am Reisemobil, wartet in gut sechs Kilometer nordwestlicher Entfernung außerhalb vom Ortsteil Raddusch ein Zeugnis früher menschlicher Ansiedlung. Die ringwallförmige Slawenburg Raddusch ist ein gelungener Nachbau der einstmaligen Fluchtstätte für die Dorfbewohner im Ernstfall. Führungen (nach Voranmeldung) durch die Ausstellung sind ebenso möglich wie Individualbesichtigungen mit Audioguide. Im Außengelände lohnt der »Zeitsteg« durch die archäologische Dauerausstellung. Wohnmobilisten dürfen übrigens auf der vorgelagerten Wiesenstellfläche ohne jede Infrastruktur gebührenfrei übernachten.

GENUSS ZUM ABHEBEN

Wer gesunde Ernährung mit Regionalität und Frische verbindet, wird bei den Spreewaldbauern fündig. Im Vetschauer Ortsteil Göritz betreibt der Acker- und Gemüsebaubetrieb auch einen Hofladen, bei dessen reichhaltigem Sortiment der Einkaufskorb schnell überquillt. Sofortiger Genuss vor Ort ist möglich, besonders lecker ist der täglich frisch gebackene Blechkuchen.
Saison- und ernteabhängig, in der Regel im Juli und August, startet jeden Freitag auf den Feldern zwischen Vetschau und Stradow der »Gurkenflieger«. Die aktive Mitfahrt in diesem übergroßen Erntefahrzeug ist ein besonderes, auch familiengeeignetes Erlebnis. Auf dem Bauch liegend, von einer großen Plane vor der stechenden Sonne geschützt und den Wert dieser Handarbeit bald (ein-)schätzend, schmeckt die selbst geerntete Gurke anschließend doppelt so gut. (die-spreewaldbauern.de)

9

URSPRÜNGLICHE MOMENTE GENIESSEN

Sie gilt als die größte Streusiedlung Deutschlands, und tatsächlich eröffnet eine Kahnfahrt ab Burg im Spreewald wunderschöne Blicke auf verstreute Gehöfte und ein befreiendes Gefühl der Weite und Ursprünglichkeit. Bevor auf den Kahn oder andere Wasserfahrzeuge umgestiegen wird, lohnt ein Stopp am Ortsrand beim Schlossberg und seinem Bismarckturm. Auf dem gegenüberliegenden Schlossberghof informiert die Kräuterey über regionale Nutzpflanzen. Die benachbarte Weidenburg ist ein »Gebäude« aus geflochtenen, lebenden Weidenruten mit vorgegebener Wuchsrichtungen. Die Ausmaße sind beeindruckend, die Kuppel reicht bis zehn Meter hoch (ein Pendant findet sich übrigens mit dem Weidendom in Schlepzig). Nicht nur in der kälteren Jahreszeit sorgt die Spreewald Therme mit ihrem wohligen Solebad als Kraftquelle für herrliche Entspannung und einen schönen Ausklang von der Auszeit in Burg. (burgimspreewald.de)

MIT GELB VIEL GRÜN ENTDECKEN

Nach Potsdam ist Cottbus mit gut 100 000 Einwohnern die zweitgrößte Stadt Brandenburgs und Zentrum der Lausitz. Nicht vordergründig mit dem Spreewald in Verbindung stehend, wäre es dennoch sträflich, Cottbus außen vor zu lassen. Und grün ist Cottbus allemal. Wer ohnehin vorhat, Cottbus kennenzulernen, parkt sein Wohnmobil gleich am Freizeitbad Lagune Cottbus und ist in gut 15 Gehminuten am Berliner Platz beim Cottbus Service in der Stadthalle. Hier wird man mit allem Wissenswer-

◀ Bismarckturm bei Burg ▶ Schloss Branitz im Fürst-Pückler-Park

Lastkahn auf Reede, im Spreewald ist der kürzeste Weg oft übers Wasser.

ten zu Cottbus und der »Gelben Tüte« versorgt. Ein Blick auf die hinter der Tüte steckende Marketing- und Fotoaktion, die schönsten Seiten von Cottbus zu entdecken, hat der Stadt weit über die Landesgrenzen hinaus auf charmante Art viel Sympathie beschert (wettbewerb.cottbus.de). Weiter geht's zum Schillerplatz, hier wartet mit dem Staatstheater ein Juwel des Jugendstils. Der Spremberger Turm aus dem 13. Jahrhundert ist das Wahrzeichen der Stadt; eine Besichtigung lohnt sich, auch wenn bereits ein Bummel durch die Fußgängerzone lockt. Am Altmarkt lohnt ein Blick in das Apothekenmuseum mit Gift- und Kräuterkammer, ehe ein Straßencafé zum Verweilen lockt.

Vom alternativen Stellplatz Spreeauenpark aus sind es nur kurze Wege zum artenreichen Tierpark, dem Fürst-Pückler-Park mit Pyramiden und Museum sowie dem Schloss Branitz. Mit der angrenzenden Spreeaue und der benachbarten Wiesen- und Teichlandschaft Kolkwitz zeigt sich Cottbus hier von seiner grünsten Seite. (cottbus-tourismus.de)

LIEBESERKLÄRUNG AN DIE KAHNFAHRT

Jetzt werde ich persönlich – und ja, ich gebe es zu: Bei meinem ersten Spreewaldbesuch kurz nach der Wendezeit war ich spontan schockverliebt! Der Stress im Arbeitsalltag hatte mich vergessen lassen, wie leicht der Kopf wieder freizubekommen ist. Bei meiner Ankunft am Großen Spreewaldhafen in Lübbenau ließ ich mich bereitwillig überreden, an der erstbesten Kahnrundfahrt teilzunehmen. Der Jahreszeit und glücklichen Umständen war es wohl geschuldet, dass nur wenige Touristen meinen Kahn mit mir teilten – und das überwiegend schweigsam.

Fertig zur Abfahrt – typischer Ausflugskahn

Was ich sodann erlebte, war ein Gefühlsmix aus Überwältigtsein und Dankbarkeit. Während der Fährmann mit dem Rudel, der über vier Meter langen Stange aus Eschenholz, routiniert durch die Fließe stakte, versank ich auf der mehrstündigen Tour zunehmend in der Sitzbank und meinen Eindrücken. Die Sonnenstrahlen brachen sich ihren Weg durch den Wald aus Weiden und Erlen. Dort, wo sie auf das leicht wellendurchzogene Wasser entgegenkommender Kähne trafen, tanzten sie als glitzernde Punkte im Takt eines leidenschaftlichen Tangos. Vereinzelt standen Menschen am Ufer und grüßten winkend herüber. Ab und an fühlte sich ein Vogel gestört, wenn das Plätschern des Rudels kurz die Stille unterbrach. Das langsame Dahingleiten auf dem Wasser war romantische Entschleunigung für das eigene Ich. Ich erinnere mich an das Spreewalddorf Lehde und die Einkehr im urigen Gasthaus Wotschofska, idyllisch auf einer Insel gelegen, wo ich zum ersten Mal Kontakt zu Spreewälder Plinsen (Eierpfannkuchen) hatte. Gefüllt mit Apfelmus und Sahne, steigerte der unvergleichliche Geschmack die ohnehin schon überlasteten Sinne. Alles um mich herum wirkte wie eine Zeitreise in das Damals, als das Flachboot das einzige Transportmittel im Wasserlabyrinth war. Auf der Rückfahrt passierten wir gleiche Orte, doch mit anderer Perspektive. Wie lassen sich Gefühle einordnen, wenn Superlative schon benutzt wurden? Ich fand keine Antwort, nur eine Gewissheit: Wenn Glücksmomente festgehalten werden könnten, hätten meine Hände nicht mehr losgelassen. Das Anlegen bei Rückankunft im Kahnhafen riss mich aus meinem Tagtraum wie ein schriller Wecker und holte mich in die Wirklichkeit zurück.

Eine der zahlreichen Legenden im Spreewald besagt, dass solch intensive Erlebnisse auch heute noch möglich sein sollen.

9

MYSTISCHE WINTERWASSERWELT

Wenn die Besucherströme im Herbst abklingen und allerorten der Gesang der Zugvögel zu hören ist, wenn sich bunte Blätter auf Gartentische und Kähne legen und frühmorgens Nebelschwaden über dem Fließ wabern, dann naht die dunklere Jahreszeit und mit ihr die Stille. Den Spreewald im Winter zu erleben ist eine ganz besonders intensive Erfahrung. Wildromantische Kaminkahnfahrten mit wärmenden Kuscheldecken und Glühwein sind eine Wohltat für alle Sinne. Kahnfährleute erzählen von Mythen und Legenden. Schatten huschen über die Bäume am Wasserrand, Geräusche dringen aus dem nächtlichen Wald, der Sternenhimmel spiegelt sich im eiskalten Kanal und die Kahngemeinschaft rückt noch ein wenig mehr zusammen. Winterzeit im Spreewald ist Wirklichkeit gewordene Auszeit von allem.
Wenn der Gefrierpunkt erreicht ist, übernehmen Schlittschuhläufer und Stoßschlittenfahrer das Wasser-Revier. Die dunkle, ruhige und eisige Abgeschiedenheit der Kanäle steht in reizvollem Kontrast zum warmen Lichterglanz lebhafter Weihnachtsmärkte. Abgerundet wird dieser Sinnesrausch von einer Aufwärm- und Wohlfühl-Zeit in einem Wellness-Tempel. Warmes Thermalwasser, Sauna, Kräuterölmassage, Salzgrotte oder Heilerde – der Körper ist dankbarer Empfänger für das Streicheln der Seele. Die Wintermonate machen den Spreewald so zu einem Wohlfühl-Ganzjahresziel. (spreewald.de/winterzeit)

◀ Sonnenaufgang mit Nebel ▶ Landpyramide im Park Schloss Branitz

AUF EINEN BLICK

Info

STADT/REGION: Spreewald
BESTE REISEZEIT: Ganzjährig
OPTIMALE REISEDAUER: 7–10 Tage
TOURISTINFO:
Tourismusverband Spreewald, Lindenstraße 1, 03226 Vetschau, Tel. 035433/72 299, reiseservice@spreewald.de, spreewald.de
Schlepzig, Dorfstraße 26, 15910 Schlepzig, Tel. 035472/64 025, mail@schlepzig.de, schlepzig.de
Lübben, Ernst-von-Houwald-Damm 15, 15907 Lübben, Tel. 03546/30 90, spreewald-service@tks-luebben.de, luebben.de
Lübbenau, Ehm-Welk-Straße 15, 03222 Lübbenau, Tel. 03542/88 70 40, info@luebbenau-spreewald.com, luebbenau-spreewald.com
Vetschau, Schlossstraße 10, 03226 Vetschau, Tel. 035433/77 755, tourismus@vetschau.de, stadt.vetschau.de
Burg, Am Hafen 6, 03096 Burg, Tel. 035603/75 01 60, info@burgimspreewald.de, burgimspreewald.de
Cottbus, Berliner Platz 6 (Stadthalle), 03046 Cottbus, Tel. 0355/75 420, cottbus-service@cmt-cottbus.de, cottbus-tourismus.de

SEHENSWÜRDIGKEITEN

SPREEWALD-BIOSPHÄRENRESERVAT:
Haus für Mensch & Natur, Schulstraße 9, 03222 Lübbenau, Tel. 03542/89 210, spreewald-biosphaerenreservat.de
Schlossberghof, Byhleguhrer Straße 17, 03096 Burg, Tel. 035603/69 124
Alte Mühle Schlepzig, Dorfstraße 52, 15910 Schlepzig, Tel. 035472/276
TROPICAL ISLANDS: 15910 Krausnick, Tel. 035477/60 50 50, welcome@tropical-islands.de, tropical-islands.de

SCHLOSSINSEL LÜBBEN: Ernst-von-Houwald-Damm 15, 15907 Lübben, Tel. 03546/30 90 (Touristinfo), spreewald-service@tks-luebben.de, luebben.de
WOTSCHOFSKA KAHNFAHRT: Großer Spreewaldhafen, 03222 Lübbenau, Tel. 03542/22 25, info@grosser-hafen.de, grosser-hafen.de
FREILANDMUSEUM LEHDE: An der Giglitza 1a, 03222 Lübbenau, Tel. 03573/ 87 02 440, museum@osl-online.de, museums-entdecker.de
SIELMANNS NATUR-ERLEBNISZENTRUM: Wanninchen 1, 15926 Luckau/OT Görlsdorf, Tel. 03544/55 77 55, wanninchen@sielmann-stiftung.de, sielmann-stiftung.de
SLAWENBURG RADDUSCH: Zur Slawenburg 1, 03226 Vetschau/OT Raddusch, Tel.035433/59 220, info@slawenburg-raddusch.de, slawenburg-raddusch.de

SPREEWALD CAMPING LÜBBEN

ADRESSE: Am Burglehn 10, 15907 Lübben, Tel. 03546/70 53, info@spreewald-camping-luebben.de, spreewald-camping-luebben.de
ANFAHRT: Die Zufahrt zum Campingplatz ist in Lübben mittels Wegeleitsystem gut ausgeschildert
GPS: 51.936463, 13.894972
Von Mitte März bis Ende Oktober geöffneter Campingplatz für ca. 140 Mobile auf Rasenschotter. Komplette Infrastruktur, Restaurant, Fahrrad- und Paddelbootverleih, eigener Spree-Anlegesteg für Wasserwanderer. Am Stadtrand von Lübben in ruhiger Lage gelegen, zum Zentrum sind es wenige Minuten zu Fuß. Die Badestelle der Spreelagune ist nur wenige Meter entfernt, Kahnfährhäfen und Bootsverleih sind in fünf Gehminuten erreichbar. Gegenüber von der CP-Einfahrt befindet sich ein öffentlicher Parkplatz mit ausgewiesenen, gebührenfreien Plätzen für ca. 10–15 Mobile auf Schotteruntergrund. Übernachtung ohne Camping-Verhalten erlaubt, keine WoMo-Einrichtungen.

AUF EINEN BLICK

CAMPINGPLATZ TROPICAL ISLANDS

ADRESSE: Tropical-Islands-Allee 1, 15910 Krausnick, Tel. 035477/60 50 50, welcome@tropical-islands.de, tropical-islands.de

ANFAHRT: Ausfahrt BAB13 und auf der L711 Richtung Krausnick, dann nach links in das Tropical Islands-Gelände einbiegen und ca. 1 km den Wegweisern zum CP folgen

GPS: 52.031190, 13.748367

Ganzjährig (außer 23.–25.12.) geöffneter, parzellierter Campingplatz mit zwei Stellplatzkategorien für 92 Mobile auf Schotterrasen. Komplette Infrastruktur, zahlreiche Gastronomie-, Freizeit-, Sport- und Wellness-Angebote rund um Tropical Islands. Shuttlebus zur Halle und zum Bahnhof Brand mit Anschluss an das ÖPNV-Netz. Mindestaufenthalt zwei Nächte, inklusive täglichem Tropical-Islands Eintritt, frühzeitige Reservierung empfehlenswert (mindestens ein Tag vorher). Die Halle ist vom CP ca. 1 km entfernt und entweder in 20 Gehminuten oder mit dem regelmäßig verkehrenden, kostenfreien Shuttlebus erreichbar. Unmittelbar vor der Cargolifter-Halle ist das gebührenpflichtige Parken und Übernachten im Wohnmobil auf dem weitläufigen Parkplatz-Areal der ehemaligen Landebahn, jedoch ohne WoMo-Versorgungseinrichtungen, möglich.

CAMPINGPLATZ AN DEN SPREEWALDFLIESSEN/ BURG

ADRESSE: Vetschauer Straße 1a, 03096 Burg, Tel. 035603/75 09 66, info@caravan-kurcamping.de, caravan-kurcamping.de

ANFAHRT: Burg auf der L51 Richtung Werben verlassen, rechts abbiegen auf L54 Richtung Müschen und nach 350m rechts in die Vetschauer Straße (CP-Schild)

GPS: 51.824107, 14.139769

Von März bis Dezember geöffneter Campingplatz für 80 Mobile auf Wiesenuntergrund. Komplette Infrastruktur, Gaststätte/Biergarten, Wellness-Angebote, Paddelbootverleih und kleiner Kahnhafen. Am Ortsrand von Burg in ruhiger Lage und von viel Grün umgeben.

◀ Stellplatz »ohne alles« in Lübben ▶ Camping Spreewaldfliessen Burg

STELLPLATZ AN DER SPREEWALD KRÄUTEREY/ BURG

ADRESSE: Fasanenweg, 03096 Burg, Tel. 035603/75 01 60 (Touristinfo Burg), info@burgimspreewald.de, burgimspreewald.de
ANFAHRT: Burg auf der L51 Richtung Byhleguhre verlassen, hinter dem Bismarckturm (auf rechter Seite) links abbiegen in den Fasanenweg
GPS: 51.847289, 14.155516
Ganzjährig geöffneter Stellplatz für ca. acht bis zehn Mobile auf Schotteruntergrund. Keine WoMo-Einrichtungen. Am Ortsrand von Burg an der Ausfallstraße gelegen. In direkter Nachbarschaft befinden sich der Bismarckturm mit Gaststätte, der Kräutergarten Spreewald Kräuterey mit Natur-Erlebnis-Uhr und der Schlossberghof mit Ausstellung über das Biosphärenreservat Spreewald. Primär als Ausweichplatz in der Hochsaison bei Vollbelegung anderer Stellplätze geeignet.

STELLPLATZ REUSENSTÜBCHEN LEIPE

ADRESSE: Leiper Dorfstraße 1, 03222 Lübbenau/ OT Leipe, Tel. 03542/88 72 26, Mobil: 0170/3333768, info@reusenstube-leipe.de, reusenstube.de
ANFAHRT: Von Burg Richtung Spreewaldtherme, weiter auf der Ringchaussee und über die Straße Erste Kolonie bis zum Abzweig Leiper Dorfstraße und dieser 4 km bis zum Ende folgen
GPS: 51.857431, 14.039328

AUF EINEN BLICK

Saisonabhängig geöffneter Stellplatz für sieben Mobile auf Rasenuntergrund. Frischwasser, Strom, Fahrrad- und Kajakverleih. Gaststätte in direkter Nachbarschaft. In ruhiger Ortsrandlage von Leipe und an einer kleinen Ferienhausanlage, idyllisch inmitten der Kanäle und Fließe, gelegen. Idealer Aufenthaltsort für Ausflüge mit dem Rad und auf dem Wasser.

WOHNMOBILPARK DAMMSTRASSE LÜBBENAU

ADRESSE: Dammstraße 62d, 03222 Lübbenau, Tel. 03542/29 21, info@spreewald.xyz, spreewald.xyz

ANFAHRT: In Lübbenau an der Kreuzung Dammstraße/Max-Plesser-Straße gegenüber vom Hotel Spreewaldeck in die ausgeschilderte, enge CP-Zufahrt der Dammstraße fahren

GPS: 51.863616, 13.969139

Von Ostern bis Mitte Oktober geöffneter Stellplatz für ca. 30 Mobile auf Rasenuntergrund. Komplette Infrastruktur, Mini-Shop. Ortskern und Hafen mit zahlreichen Gastronomieangeboten in fußläufiger Entfernung. Guter Ausgangspunkt für Kahnfahrten und Radtouren.

STELLPLATZ AUTOCAMPING KÄPPLER

ADRESSE: Chausseestraße 17a, 03222 Lübbenau/OT Zerkwitz, Tel. 03542/83 029, autocamping@web.de

ANFAHRT: In Zerkwitz von der Chausseestraße in den Burjauer Weg abbiegen und die rückseitige Einfahrt zum Stellplatz nehmen

GPS: 51.865009, 13.933929

Von Ostern bis Oktober geöffneter Stellplatz für sechs Mobile auf Rasenuntergrund. V/E (jedoch kein Schwarzwasser), Strom, WC/Dusche. Ruhige und private Lage im Grünen, guter Ausgangspunkt für alle Spreewaldaktivitäten rund um Lübbenau.

STELLPLATZ LAGUNE COTTBUS

ADRESSE: Sielower Landstraße 19, 03044 Cottbus, Tel. 0355/49 49 84 10, info@lagune-cottbus.de, caravan-lagune-cottbus.de

◀ Familiär: Stellplatz Reusenstübchen Leipe ▶ Autocamping Käppler

ANFAHRT: In Cottbus der Beschilderung Schwimmbad Lagune folgen, die Zufahrt zum Stellplatz erfolgt über den Nordring
GPS: 51.771647, 14.324470
Ganzjährig geöffneter Stellplatz für 16 Mobile in Parkplatzbuchten auf Pflasteruntergrund. V/E, Strom, rabattierter Bad-Eintritt mit Nutzung aller Wellness- und Gastronomie-Einrichtungen zu den Öffnungszeiten (täglich bis 22 Uhr/20 Uhr). Anmeldung und Bezahlung an der Badkasse. An einem kleinen Waldstück direkt am Sport- und Freizeitbad Lagune und an gut befahrenen Straßen gelegen. In kurzer Distanz finden sich zahlreiche Geschäfte, zur Stadtmitte (Altmarkt) sind es 20 Gehminuten.

STELLPLATZ AM SPREEAUENPARK COTTBUS

ADRESSE: Kiekebuscher Allee 3, 03042 Cottbus, Tel. 0355/75 42 368, spreeauenpark@cmt-cottbus.de, cmt-cottbus.de
ANFAHRT: In Cottbus am Tierpark/Spreeauenpark orientieren und an der Ecke Pyramidenstraße/Kiekebuscher Straße auf den Tierpark-Parkplatz fahren, der Stellplatz befindet sich gleich rechts
GPS: 51.746273, 14.353399
Von Anfang April bis Ende Oktober geöffneter Stellplatz (Nebensaison auf Anfrage) für 12 Mobile auf befestigtem Untergrund. V/E, Strom, WC. In eingezäuntem Areal am großen PKW-Parkplatz des Cottbuser Tierparks gelegen. Anmeldung und Bezahlung an der gegenüberliegenden Tierparkkasse zu den Öffnungszeiten. Zugang/Zufahrt nur mit Pfandschlüssel. Guter Standort für Cottbus-Erkundung (2 km in die Altstadt) und zum benachbarten, weitläufigen Spreeauenpark mit Parkeisenbahn, Schloss Branitz, Fürst-Pückler-Museum und Planetarium.

»GLÜCK AUF« NEU INTERPRETIERT

Industriedenkmäler von der Natur zurückerobert

Blick vom Aussichtspunkt Welzow – Stadt auf den Tagebau

10

Der Süden Brandenburgs glänzt mit dem Lausitzer Seenland und dem Elbe-Elster-Land. Geschichtlich interessant sind die Gartenstadt Marga, der beängstigend beeindruckende Tagebau in Welzow, die Industriedenkmäler F60 und die Biotürme Plessa. Mit der Renaturierung wird geschundenes Land zum Erholungsgebiet. Hier gilt: vom Bergmann zum Seemann.

Vom Braunkohlerevier zum Urlaubsparadies – dieser Wandel ist Kraftakt und Herzensprojekt zugleich. Europas größte von Menschenhand erschaffene Wasserlandschaft entsteht im Lausitzer Seenland. Übergreifend in den Bundesländern Sachsen und Brandenburg wird durch Fluten stillgelegter Braunkohletagebaue Deutschlands viertgrößtes Seengebiet entstehen. Schon heute sind die ersten Seen geflutet, Marinas und Radwege angelegt und somit das triste Grau für bunten Freizeitspaß und Wassersport gewichen. Das Elbe-Elster-Land ist ebenso im Umbruch. Und so gibt es sie in beiden Regionen, die besonderen Stellen und Industriedenkmäler der Industriekultur Brandenburg, die heute den Wandel im Laufe der Zeit – also vorher und nachher – mit Herzblut und pfiffigen Ideen erzählen und weiterleben lassen.

SENFTENBERGER SEE

Die ausgezeichnete Badegewässerqualität zieht Badehungrige und Sonnensuchende an Sandstrände und Liegewiesen des Senftenberger Sees. Direkt vor dem Wohnmobilstellplatz Buchwalde laden Gastronomie, Liegewiese, Wasserrutsche und Spielplatz zum Verweilen und Entspannen ein. Der Stadthafen ist neuer Anziehungspunkt für Senftenberger und Besucher. Er ist nach 1,5 Kilometern entlang der Strandpromenade erreicht, bietet Bootsliegeplätze und ist als Ausgangspunkt für Bootsfahrten durch das Lausitzer Seenland bestens geeignet. Fußläufig in der Nähe, freuen sich die Tiere des Tierpark Senftenberg auf Groß und Klein. Die zitadellenförmige Festung Senftenberg mit Schlosspark ist auch für einen märchenhaften Weihnachtsmarkt im Schlosshof bekannt. Und falls nun Skifahrlust aufkommt, die Indoor-Skihalle Snowtropolis bietet Ski- und Snowboardkurse sowie im Winter zusätzlich eine Kunsteisbahn an. (senftenberger-see.de, snowtropolis.de)

10

Tipp

Die Gartenstadt Marga diente der Erholung und der Erhaltung der Gesundheit der Bergarbeiter. Anfang des 20. Jahrhunderts im späten Jugendstil erbaut, sind noch heute die spiralförmige Anordnung und die unterschiedlichen Haustypen klar erkennbar. Die Wohnsiedlung der Ilse Bergbau AG gilt als älteste deutsche Gartenstadt und befindet sich im Senftenberger Ortsteil Brieske. Die Infotafel auf dem Markplatz bietet Tipps für individuelle Entdeckungen. (senftenberg.de)

FISCHERVERKAUF AM SENFTENBERGER SEE findet donnerstags bis samstags am Vormittag bei der Fischerei Sell im Stadtteil Nietmsch, Dorfstraße 12b, in der Nähe des Seestrands statt. 1966 begann hier die Flutung der Grube und Umgestaltung zum heute bekannten Senftenberger See; 1974 wurde der Niemtscher Strandbereich eingeweiht.

WOHNMOBIL-FAHRSICHERHEITSTRAINING

Schon lange ein passendes Fahrsicherheitstraining gesucht? Der Dekra Lausitzring hat das Kursangebot erweitert und öffnet das großzügige Gelände in Klettwitz, Lausitzallee 1, statt nur für PKW und Motorräder nun auch für Wohnmobile und Liner. Das achtstündige Programm kombiniert Theorie und Praxis, flexibel ausgerichtet auf jeden Teilnehmer, jedes Fahrzeug und jede Situation. (dekra-lausitzring.de)

◀ Freizeitparadies Senftenberger See ▶ Gut Geisendorf Neupetershain

Stahlgigant mit 502 Metern Gesamtlänge – das Besucherbergwerk F60

TAGEBAU UND RENATURIERUNG

»Mögt ihr auch den Katastrophentourismus«, fragte ein vorbeikommender Radfahrer verschmitzt lächelnd, als die Autoren fasziniert und erschreckt zugleich am Aussichtspunkt Welzow-Stadt vor dem großen Loch des Tagebaus in Welzow-Süd standen. Die Bagger arbeiten in weiter Ferne, reißen unaufhörlich die Erde auf und zerfressen die Landschaft. Große, informative Schautafeln erläutern Hintergründe und Vorgehensweisen beim Bergbau inklusive Rückbau und zukünftige Renaturierungsmaßnahmen.

DIE RENATURIERUNG am Kulturforum Gut Geisendorf in Neupetershain ist ein spannendes und noch immer wachsendes Lehrstück, wie die durch Tagebau gebeutelte Landschaft wieder zurückgeführt und zum Erholungsgebiet ausgebaut wird. Das denkmalgeschützte Herrenhaus ist Kulturzentrum von Neupetershain und informiert zugleich mit der Dauerausstellung zur Geschichte und Zukunft der Braunkohle in der Lausitz. Der Spazierweg entlang der renaturierten Flächen startet und endet direkt angrenzend an Gutshofpark und Parkplatz.

Tipp

Das IBA Terrassen Besucherzentrum in Großräschen lässt erahnen, wie schön das Seenland werden wird, wenn Ende der 2020er Jahre alle Gruben wie geplant geflutet sind. Die Spuren des Landschaftswandels vom Tagebau zum Badesee sind hier sichtbar und ebenso lebendig dargestellt. Perfekt eingebunden in die Radwege »Niederlausitzer Bergbautour«, »Seenland-Tour« und »Fürst-Pückler-Radweg« ist das Besucherzentrum einen Stopp wert. (iba-terrassen.de)

◀ Charmant: Schloss Sallgast ▶ Imposant: Biotürme Lauchhammer

SCHLOSS SALLGAST

Manchmal ist ein Spaziergang in einem Schlosspark mit morbidem Charme und alten Bäumen genau das Richtige, um still die beruhigende Stimmung von Landschaft und Jahreszeit einzufangen. Im 12. Jahrhundert ursprünglich als Wasserschloss errichtet, ist die Vierflügelanlage des Schlosses Sallgast von einem im 18. Jahrhundert geprägten Landschaftspark umgeben. Das Rauschen der Blätter, dazu zwitschernde Vögel zwischen alten Wassergräben und Teichen laden ein, die Seele tiefenentspannt baumeln zu lassen.

HOCH HINAUS AUF DER F60

Ein WOW-Erlebnis der Sonderklasse wartet in Lichterfelde. Das **Besucherbergwerk F60** geht nicht in die Tiefe, wie es rein vom Lesen den Anschein haben könnte. Sondern es geht mit einer geführten Tour hoch hinaus, bis an den mit 74 Metern höchsten Punkt des Stahlgiganten. Die aufsehenerregende F60 ist eine ehemalige, 502 Meter lange, 204 Meter breite und 11 000 Tonnen schwere Abraumförderbrücke. Schwindelfrei sollte man sein, um den großen, 90-minütigen Rundgang zu wagen. Der Mut wird mit kurzweiligen Informationen und atemberaubenden Weitblicken belohnt. Ergänzt wird die Anlage mit Ausstellung, Film und F60 Kantine. Romantiker überlegen vielleicht, das exklusive F60 Dinner in luftiger Höhe zu buchen. Ein Blick in den Veranstaltungskalender, um die einmalige Open-Air-Kulisse live zu erleben, ist ratsam. Nach Einbruch der Dunkelheit zieht eine Licht- und Klanginstallation in den Bann, die mit Blickkontakt auf die F60 auf den Parkplätzen sowie am gefluteten Bergheider See zu sehen und zu hören ist. (f60.de)

VOM TAGEBAU ZUM VOGELSCHUTZGEBIET – diesen Weg zeigt eindrucksvoll die Seeteichsenke, die im Schutzgebiet Naturparadies Grünhaus auf 1 930 Hektar in unmittelbarer Nähe der F60 entstanden ist. Neue Vogelarten haben das Niederlausitzer Naturparadies zurückerobert. Betreut wird das Naturerbe vom NABU Projektbüro Grünhaus. Bis zum Parkplatz kann die kurze, unbefestigte Wegstrecke von Wohnmobilen befahren werden, die Einfahrt liegt zwischen Lichterfelde und Lauchhammer auf der rechten Seite. Danach geht es zu Fuß weiter. (nabu.de)

BIOTÜRME LAUCHHAMMER

24 hohe Klinkertürme stehen in Lauchhammer und erregen gekonnt die Aufmerksamkeit. Dahinter steckt die einst riesige Kokereianlage, die Braunkohle zu Hochtemperaturkoks verarbeitete, um damit Eisen zu schmelzen. Einzig die Biotürme wurden vor dem Abriss gerettet. Sie gehören zur Industriekultur, die – heute mit verglaster Außenkanzel versehen – bei Führungen besichtigt werden können. Nur wenige Kilometer entfernt befindet sich der Wohnmobilhafen Grünewalder Lauch, der beim Eintauchen in Wiesen, Felder und Wasser sofort Erholung verspricht. (biotuerme.de)

KOHLE, WIND & WASSER TOUR, eine insgesamt 250 Kilometer lange Radroute verbindet Mühlen und Denkmäler der Industriekultur mit den Schönheiten der Kulturlandschaft um Schwarze und Kleine Elster. Kleine Rundkurse oder Tagestouren sind ebenso möglich. (elbe-elster-Tour.de)

EINMAL RICHTIG KOHLE MACHEN

Die Maschinen funktionieren noch wie damals, Fabrikrundgänge in der Brikettfabrik Louise in Domsdorf zeigen, wie es geht: Vorführung der ältesten Brikettpresse, Erläuterungen zu Funktionsweisen sowie Rückblick in die Historie. Die Tradition und Geschichte live zu erleben ist für Kinder wie Erwachsene ein interessanter Gang »back to the roots«. (brikettfabrik-louise.de)

AUF EINEN BLICK

Info

STADT/REGION: Lausitzer Seenland, Elbe-Elster-Land
BESTE REISEZEIT: Frühjahr bis Herbst
OPTIMALE REISEDAUER: 4–5 Tage
TOURISTINFO:
Lausitzer Seenland, Am Stadthafen 4, 01968 Senftenberg, Tel. 03573/87 08 420, senftenberg@lausitzerseenland.de, lausitzerseenland.de
Elbe-Elster-Land, Roßmarkt 12, 04924 Bad Liebenwerda, Tel. 035341/62 80, info@bad-liebenwerda.de, bad-liebenwerda.de

SEHENSWÜRDIGKEITEN

STADTHAFEN SENFTENBERG: Am Stadthafen 4, 01968 Senftenberg, Tel. 03573/80 02 20, stadthafen@senftenberger-see.de, senftenberger-see.de
GARTENSTADT MARGA: Platz des Friedens, 01968 Senftenberg/ OT Brieske (Ausstellung in Franz-Mehring-Straße), Tel. 03573/14 99 010 (Touristinfo), info@senftenberg.de, senftenberg.de
BESUCHERBERGWERK F60: Bergheider Straße 4, 03238 Lichterfeld, Tel. 03531/60 800, info@f60.de, f60.de
BRIKETTFABRIK LOUISE: Louise 111, 04924 Domsdorf, Tel. 035341/94 005, info@brikettfabrik-louise.de, brikettfabrik-louise.de

STELLPLATZ SEESTRAND BUCHWALDE

ADRESSE: Buchwalder Straße 52, 01968 Senftenberg, Tel. 03573/80 02 60, seestrand.buchwalde@senftenberger-see.de, senftenberger-see.de
ANFAHRT: Von der B96 in die Kleinkoschener Straße einbiegen, am Straßenende links in die Buchwalder Straße bis zum Kreisel
GPS: 51.512338, 14.024434
Von April bis Oktober geöffneter, parzellierter Stellplatz für 23 Mobile auf Schotterrasen. V/E, Strom, Dusche/WC-Sanitärblock (nachts geschlossen),

◀ Stellplatz Senftenberg ▶ Wohnmobilhafen Grünewalder Lauch

WLAN, ÖPNV-Anschluss. Im OT Buchwalde direkt am See-Radrundweg gelegen. Beliebter Surfer-Strand, Restaurant/Bar sowie Spiel- und Freizeiteinrichtungen vor Ort. Altstadtkern 30 Gehminuten entfernt.

PARKPLATZ AM BESUCHERBERGWERK F60

ADRESSE: Bergheider Straße 4, 03238 Lichterfeld/OT Schacksdorf, Tel. 03531/60 800, info@f60.de, f60.de

ANFAHRT: Von der B96 (Finsterwalde-Großräschen) auf der L61 nach Lichterfeld-Schacksdorf und am Ortsende links ab in die Bergheider Straße.

GPS: 51.594085, 13.777149

Ganzjährig nutzbarer Parkplatz auf Asphalt- und Schotteruntergrund für ca. 20–30 Mobile. Gebührenpflichtig von 8–20 Uhr. Keine Infrastruktur. In direkter Nachbarschaft der PKW-Parkplätze beim Besuchereingang gelegen. Weitere Parkplatzareale im Bau befindlich. Gastronomische Einrichtungen auf dem Besuchergelände während der Öffnungszeiten nutzbar.

STELLPLATZ GRÜNEWALDER LAUCH

ADRESSE: Lauchstraße, 01979 Lauchhammer, Tel. 03574/38 26, anfrage@themencamping.de, themencamping.de

ANFAHRT: Von der B169 (Schwarzheide-Plessa) nach Lauchhammer und weiter nach Grünewalde zur Lauchstraße, dieser auf schmalem Feldweg lange bis zum CP folgen

GPS: 51.506768, 13.667992

Von März bis Oktober geöffneter, parzellierter Stellplatz für 54 Mobile auf Schotterrasen-Untergrund. Komplette Infrastruktur. Biergarten, Minimarkt und diverse Freizeit-/Wellness-Angebote im angrenzenden Campingplatz nutzbar. Der Stellplatz liegt direkt vor dem CP und nur wenige Schritte entfernt vom See mit schönem Sandstrand.

POTSDAM, PERLE AN DER HAVEL

Gartenkunst, Architektur und ganz viel Leben

Altes Rathaus mit Potsdam Museum – Forum für Kunst und Geschichte

11

20 Gewässer und die Havel gehören zur ehemaligen Residenzstadt Potsdam, südwestlich von Berlin gelegen. »Must-See« ist das Schloss Sanssouci, beliebt sind das angrenzende Holländische Viertel und der quirlige wie großzügige Volkspark. Filmfans zieht es zum Filmpark Babelsberg oder ins Filmmuseum.

ÜBERRASCHEN LASSEN

Historische Stätten und Gebäude - Potsdam ist voll davon. Die Architektur-Welt ist in Potsdam zu Hause. Und so erfreuen sich Fans am Alten Rathaus von 1753, das an italienische Barockarchitektur anlehnt, am Potsdamer Stadtschloss mit Lustgarten und Neptunbassin oder dem ebenfalls am Alten Markt befindlichen Kunstmuseum Barberini, das seit 2017 wieder zugänglich ist. Im beeindruckenden Schloss Cecilienhof fand 1945 die geschichtsträchtige Potsdamer Konferenz der Siegermächte nach dem Zweiten Weltkrieg statt. Attraktiv und sicher auch einen Blick ins Innere wert ist die Nikolaikirche mit Kuppel, denn sie entstand nach Plänen von Karl Friedrich Schinkel, einem Sohn Brandenburgs. Und wer noch immer nicht genug gesehen hat, streift gelassen durch das Holländische Viertel, im Schachbrettmuster und mit Backsteinbauten angelegt, Richtung Luisenplatz bis hin zum Potsdamer Brandenburger Tor.

DER UNVERPACKT LADEN am Luisenplatz kommt sehr gut an bei der Kundschaft. Seit 2018 ist maßVoll das erste verpackungsfreie Lebensmittelgeschäft in der Stadt. (potsdam-unverpackt.de)

SUSHI-TIPP IN POTSDAM - Für leckeres und frisches Sushi ist My Keng, Brandenburger Straße 20, genau die richtige Anlaufstelle. Zusätzlich zur Sushi-Bar gibt es vietnamesische und asiatische Küche. (my-keng.de)

IM OHNE-SORGE-PARK VERWEILEN

Schloss Sanssouci mit der eigens für eine Kunstsammlung errichteten Bildergalerie, den beeindruckenden Weinbergterrassen und der unvergleichlich attraktiven Parkanlage ist immer wieder eine Augenweide. Die Fülle an Prunk und Eleganz lässt den Betrachter staunen und strahlen. Der Galeriebau gehört zu den ältesten noch erhaltenen seiner Art in Deutschland. Die unterschiedlichen Ebenen und breiten Treppenaufgänge der Weinbergterrassen sind perfekt, um den Blickwinkel zu wechseln für neue, faszinierende Eindrücke. Friedrich der Große zog sich mit seinen Hunden gerne in seinen Sommersitz zurück, ist doch der Name auch gleichzeitig Wunsch und Leitmotiv des Königs. Sanssouci bedeutet »ohne Sorge«. Ein stilles Plätzchen für die sorgenfreie Auszeit findet sich sicherlich innerhalb der 300 Hektar großen Parkanlage mit einer Ost-West-Ausdehnung von zwei Kilometern. Hübsch anzusehen ist selbstverständlich das als Gartenpavillon errichtete Chinesische (Tee-) Haus.

Tipp

Gleich vier Ausstellungsebenen der historischen Mühle von Sanssouci bieten interessante Ein- und Ausblicke. Das Museum beherbergt eine thematisch aufbereitete mühlenkundliche Dauerausstellung und zugleich das Erlebnis einer produzierenden Windmühle. Sie liegt rechts der Einfahrt zum Wohnmobil-Parkplatz Sanssouci P1, ein gastronomischer Betrieb ergänzt das Angebot. (historische-muehle-potsdam-byseum.de)

DIE ESPRESSONISTEN verwöhnen durch ausgebildete Baristas jeden Gaumen. Im Kontor wird verkauft, in der Caffé-Bar heißt es genießen. Und das noch mitten in der historischen Innenstadt der Potsdamer City! (espressonisten.de)

300 JAHRE GARTENBAU IN POTSDAM

Das grüne Potsdam hat eine jahrhundertealte Tradition und ist zugleich lebendige und abwechslungsreiche Zeitreise in die glanzvolle Epoche der preußischen Königinnen und Könige. Um nur drei zu nennen: Der Schlosspark Sanssouci wurde im 18. Jahrhundert angelegt und erfreut mit seiner Vielfalt und kunstvollen Planung noch heute seine Besucher aus dem In- und Ausland. Peter Joseph Lenné überarbeitete 1816 den Neuen Garten, der als Abkehr vom Barockgarten mit 102,5 Hektar im Norden Potsdams am Jungfernsee liegt. Erwähnenswert sind seine bewusst geplanten Sichtachsen zu anderen Gärten.

Die optische Entführung und Verführung in eine andere Zeit bedeutet der Besuch vom kleinen und großen Schloss Babelsberg, ab 1833 in

◀ Schloss Sanssouci ▲ St. Nikolaikirche Potsdam
▼ Gartenkunst in Potsdam – Perspektive wechseln lohnt

englischer Neugotik errichtet. Wenn Steine erzählen könnten, hier gäbe es viel zu berichten, war Babelsberg in den 1860er bis 1880er Jahren doch einer der wichtigsten Orte des gesellschaftlichen und politischen Lebens Preußens, das mit der Kaiserproklamation 1871 seinen Höhepunkt fand. Der Landschaftspark lädt zum Entspannen, Flanieren, Joggen oder Walken ein und liegt direkt am Tiefer See und an der Havel, in Sichtweite zur DDR-geschichtlich brisanten Glienicker Brücke. Die Schlösser und Parks von Potsdam und Berlin sind übrigens seit 1990 UNESCO Welterbe.

KÖNIGLICHE HOFBÄCKEREI, Guts- und Feinkostenläden, zudem Brauhaus und mit Rosengarten und Weinscheune beliebtes Ausflugsziel der Region Berlin-Brandenburg – dies und eine ansehnliche Geschichte mehrerer Jahrhunderte vereint das Krongut Bornstedt. Auf dem gegenüberliegenden Parkplatz befindet sich der Wohnmobilstellplatz. Kurze Wege und mittendrin im kulinarischen Geschehen, das ist doch die perfekte Anbindung für genussorientierte Reisemobilisten. (krongut-bornstedt.de)

◀ Kolonnaden im Ehrenhof Schloss Sanssouci ▶ Brandenburger Straße

BETRETEN DES RASENS ERWÜNSCHT

Im heutigen **Volkspark** warten 65 Hektar Park- und Gartenanlage tagtäglich darauf, erobert zu werden. Der Volkspark entstand nach der BUGA 2001, für die ein ehemaliger Truppenübungsplatz umgegraben, bepflanzt und für die Menschen der Stadt gestaltet wurde. Heute erfreuen sich jährlich über 400 000 Besucher an blühenden Landschaften und Spazierwegen, unterschiedlichen Veranstaltungen, zahlreichen Spielplätzen, Trampolin, Kletterwald oder Skateranlage. Versprochen, jeder in der Familie findet hier seine Lieblingsspielecke. Und wenn die Natur ruft, dann sind im Volkspark damit die Streuobstwiese, der Rosengarten oder der Rhododendrenhain gemeint. Neben all den barocken und geschichtsträchtigen Landschaftsgärten und Parkanlagen ist der junge Volkspark sozusagen der moderne Ausgleich für Spiel, Spaß und Fitness. Gleich in der Nähe befindet sich der Tagesparkplatz für Wohnmobile. (volkspark-potsdam.de)
Vom Volkspark in die Tropen – das ist in der 5 000 Quadratmeter Naturerlebniswelt **Biosphäre Potsdam**, angrenzend an den Volkspark, sofort realisierbar. Beindruckende Dschungellandschaft, Unterwasserwelt, Schmetterlingshaus und stündlich ein Gewitter über dem Urwaldsee erwarten die Besucher! Zudem gibt es 20 000 Tropenpflanzen und 140 verschiedene Tierarten zu bestaunen. All das läuft unter dem Leitbild: Tropen vielseitig erleben, indem für Nachhaltigkeit und Umweltschutz sensibilisiert wird. (biosphaere-potsdam.de)

TON AN, KAMERA AB – ACTION!

Auszeit kann und darf auch Spaß bedeuten – was liegt also näher, als im filmbasierten Themen- und saisonalen Freizeitpark **Filmpark Babelsberg** hinter die Kulissen und den Filmleuten im Fernsehstudio 1 über die Schulter zu schauen. Dazu gibt es über den Tag verteilt faszinierende Shows, Original-Filmsets und natürlich Raum für Spiel, Spaß und Gastronomie. (filmpark-babelsberg.de)

11

Tipp

Noch mehr Film-Geschichte hält das Filmmuseum Potsdam bereit. 1981 als Filmmuseum der DDR gegründet, enthält das Museum Sammlungen zur Filmgeschichte, insbesondere seit 1911, zudem Exponate sowie ständige und wechselnde Ausstellungen. Architektonisch beeindruckend und äußerst schmuck ist das Filmmuseum auch von außen, ist es doch im 1685 errichteten Marstall des Potsdamer Stadtschlosses untergebracht. (filmmuseum-potsdam.de)

WASSERSPORT RUND UM POTSDAM ist eigentlich schon ein Muss bei dieser gigantischen Auswahl an Seen und Wasserwegen! Zur Wahl steht Surfen, Segeln, SUP oder Kanu, Motorboot fahren und das alles für Könner und Anfänger zum Schnuppern; mit eigenem Equipment oder zum Ausleihen und Mieten. Charteranbieter, Vermietstationen und Wassersport-Schulen bieten dazu ihre Dienste an. Der königliche Campingpark Sanssouci liegt direkt am Templiner See, mit eigenem SUP oder Kanu ist es also nur ein Katzensprung vom Wohnmobil zum Wasserspaß. (wassersportpotsdam.de)

Templiner See im Herbstmodus

AUF EINEN BLICK

Info

STADT/REGION: Potsdam
BESTE REISEZEIT: Ganzjährig
OPTIMALE REISEDAUER: Wochenende
TOURISTINFO: Alter Markt, 14469 Potsdam, Tel. 0331/27 55 88 99, info@potsdamtourismus.de, potsdam.de

SEHENSWÜRDIGKEITEN

SCHLOSS SANSSOUCI: Besucherzentrum an der Historischen Mühle im Park Sanssouci, An der Orangerie 1, 14469 Potsdam, Tel. 0331/96 94 200, info@spsg.de, spsg.de
VOLKSPARK: Georg-Hermann-Allee 101, 14469 Potsdam, Tel. 0331/62 06 777, volkspark@propotsdam.de, volkspark-potsdam.de
FILMPARK BABELSBERG: August-Bebel-Straße 26–53 (Besuchereingang Großbeerenstraße 200), 14482 Potsdam, Tel. 0331/72 12 750, info@filmpark.de, filmpark-babelsberg.de

STELLPLATZ AM KRONGUT

ADRESSE: Potsdamer Straße 196, 14469 Potsdam/OT Bornstedt, Tel. 0331/60 14 71 54, kontakt@parkplatz-am-krongut.de, parkplatzamkrongut.de

◀ Das Potsdamer Brandenburger Tor ▶ Weinbergterrassen Sanssouci

◀ Wohnmobilstellplatz am Krongut ▶ Einfahrt Stellplatz Krongut

ANFAHRT: Von Potsdam (Brandenburger Tor) auf der Schopenhauerstraße und Bornstedter Straße (B273) bis zum Abzweig nach links Am Krongut

GPS: 52.413509, 13.029450

Ganzjährig nutzbarer Großraumparkplatz für ca. 60 Mobile auf asphaltiertem und gepflastertem Untergrund. Der Parkplatz ist mittels Schrankenanlage zweigeteilt: Auf der rechten Seite mit Platz für ca. 15–20 Mobile sind einige Stromsäulen vorhanden. Auf der linken Seite finden ca. 40 Mobile in Parkbuchten ihren Platz (ohne Stromversorgung). Einkaufsmöglichkeiten, gastronomische Einrichtungen und ÖPNV-Anbindung in fußläufiger Entfernung. Ausgezeichneter Standort, um die Stadt der Schlösser und Könige zu erkunden: Nur 2,5 km bis Schloss Sanssouci, Brandenburger Tor und seiner angrenzenden Fußgängerzone.

CAMPINGPARK SANSSOUCI

ADRESSE: An der Pirschheide 41, 14471 Potsdam, Tel. 0331/95 10 988, info@camping-potsdam.de, camping-potsdam.de

ANFAHRT: Von der Zeppelinstraße (B1) in Potsdam in die Straße An der Pirschheide einbiegen und der Beschilderung bis zum CP folgen

GPS: 52.374855, 13.006145

Von Ostern bis Silvester geöffneter, großflächig angelegter Campingplatz mit 170 parzellierten Touristen-Stellplätzen auf Rasen. Komplette Infrastruktur, Restaurant, Shop für Lebensmittel und Campingbedarf, diverse Spiel-, Freizeit- und Wellness-Angebote, Fahrrad- und Bootsverleih, Hundestrandabschnitt, kostenloser Zubringerbus zu ÖPNV-Anschluss (1,3 km). Am südwestlichen Stadtrand direkt am Templiner See gelegen, Anbindung an Radwegenetz, 20 Fahrradminuten zur Innenstadt (Brandenburger Tor, 6 km).

BERLINER PFADE NEU BETRETEN

Hauptstadt authentisch

▲ Die Klassiker: Siegessäule auf dem Großen Stern ◀ Reichstagsgebäude
▶ Brandenburger Tor in Berlin Mitte

12

Berlin in einem Wort zu beschreiben wäre einfach BERLIN! Bekannt sind Reichstag, Gendarmenmarkt & Co, während die zahlreichen Gärten und Parks, Kieze und kleinen Highlights eher den Berlinern ein Begriff sind. Und genau um das geht es hier: Berlin, auf der Suche nach alten Schönheiten und chilligen Plätzen und Parks inklusive Stadtteilhopping.

Wer sonntagmorgens schon mal durch Berlin gefahren oder gelaufen ist, wird feststellen, wie viele Freizeit-Radfahrer und Amateur-Jogger zu dieser frühen Stunde bereits auf den Straßen, durch Parks und Anlagen auf Achse sind. Etwas später folgen Eltern mit Kleinkindern, verpackt ins Lastenfahrrad oder in der Brusttragetasche fest verzurrt, um zum nahegelegenen Café zu kommen und sich mit Freunden oder befreundeten Familien zum Frühstück zu treffen. In Parks und Anlagen wird Yoga praktiziert, während die größeren Kinder sich auf Spielplätzen und Skaterbahnen austoben. Zum Nachmittag zieht es Pärchen oder Singles raus an die Luft, entweder engumschlungen oder mit Freunden zum Plausch auf der Picknickdecke oder im Szenecafé verabredet. Selbst wenn das nun abgedroschen und pauschal klingen mag, aber Stadtleben ist nun mal definitiv anders als Landleben. Es geht raus auf Straßen und Plätze, da die heimischen Gärten und Balkone klein oder nicht vorhanden sind. Dies ermöglicht natürlich eine entsprechend attraktive, weil abwechslungsreiche Infrastruktur an Cafés und Kneipen, an hippen Szenelokalen und dem Kieztreff um die Ecke. Das freie städtische Lebensgefühl ist das, wofür einige unbedingt nach Berlin umziehen möchten. Daher heißt es nun eintauchen in das bunte Berlin!

MOBIL OHNE WOHNMOBIL

Während man in Brandenburg das Wohnmobil direkt am Stadtrand oder der Sehenswürdigkeit parken kann, ist Berlin in dieser Hinsicht eine andere Hausnummer. Parkplätze sind selbst für Kastenwagen ein rares Gut. Daher geht es vom Stellplatz aus meist per Bus, U- und S-Bahn, in kleineren Radien auch mit dem Fahrrad, dem eigenen E-Scooter oder per Pedes los auf Entdeckungstour. Flexibel und zugleich dem Umweltschutz verpflichtet, sind Leihfahrräder, Leih-Scooter und E-Roller im Stadtgebiet verfügbar. (berlin.de/tourismus/verkehr/sharing/bikesharing)

12

Tipp

Öffentlicher Nahverkehr: Der VBB bietet besondere Touristentickets mit unterschiedlichen Laufzeiten und Tarifbereichen sowie Hinweise für Fahrradwagen an. vbb.de (Angebote für Touristen) Auch als App »Bus & Bahn«, mit Handyticket und Routenplanung. Selbstverständlich sind die beliebten Hop-on/Hop-off-Busse ebenfalls eine gute Wahl, um die Stadt kreuz und quer zu besichtigen.

ESSEN FÜR ALLE, ABER NICHT FÜR JEDEN

Es gibt wohl nichts, was es in Berlin nicht gibt. Gerade beim Essen ist Vielfalt angesagt: vegan, bio und gesund bei Laktose- oder Glutenintoleranz, vegetarisch, Paleo oder LowCarb. Doch keine Angst, es gibt sie noch, die beliebte Currywurstbude – inklusive Ranglisten der Besten – oder alles, was schnell »auf die Hand« nebenbei gegessen werden kann. Der Lieblings-Italiener, die Dönerbude, das Steakhaus, all das und ebenso die Sterneküche sind in den Stadtteilen der Hauptstadt vertreten. Erlaubt ist, was schmeckt, zum Frühstück, mittags, abends oder sogar nachts, denn Berlin hatte schon immer eigene Regelungen hinsichtlich der Sperrstunde. Genauso wie der Späti. Er gehört definitiv zur Kiezkultur und ist viel mehr als ein Supermarkt, denn wichtig sind hier vor allem die kurzen Wege (ohne PKW) und der persönliche Kontakt. Man kennt sich im Spätkauf, wie er ausgeschrieben heißt. Je nach Warensortiment und entsprechend greifendem Ladenschlussgesetz, haben einige Spätis sogar sonntags geöffnet.

◀ Currywurst für zwischendurch ▶ Flensburger Löwe am Großen Wannsee

Glienicker Brücke von Berlin nach Potsdam

BERLINS BRÜCKENGESCHICHTE

Diese 1907 als Eisenfachwerkbrücke gebaute Brücke mit 128 Metern Gesamtlänge und 22 Metern Breite hat wahrlich Geschichte geschrieben. Verläuft die Landesgrenze zwischen Brandenburg und Berlin doch genau hier, auf der Glienicker Brücke in der Havel und der Brückenmitte – zwischen Potsdam und Berlin und, zu Zeiten der DDR, mitten durch das geteilte Deutschland. Ihren spektakulären Ruhm erlangte die mittlerweile vierte Havelbrücke an dieser Stelle seit 1660 als Agentenbrücke im Kalten Krieg, mit nachweislich drei Austauschaktionen von 40 Personen zwischen den Jahren 1962 und 1986. In die Schlagzeilen der Wende 1989 geriet das Nadelöhr, als die DDR genau diesen Grenzübergang zwischen Potsdam und Berlin am 10. November 1989 öffnete. Diese emotionalen Bilder feiernder Menschen gingen um die Welt.

TRÄUMEN UND FLANIEREN

Zur UNESCO Kulturlandschaft gehören viele der historischen Schlösser und ihre traumhaften Schlossparkanlagen, doch der Glienicker Park hat neben seiner anmutig schönen, klassizistischen Ausstattung eine besonders idyllische Lage am Havelufer. Im Westen von Berlin, nur eine Brückenlänge von Potsdam entfernt, liegen Park und Schloss. Vor allem das nach Plänen von Karl Friedrich Schinkel erbaute Casino mit weitem Blick über den Jungfernsee und den im Schattenspiel der untergehenden Sonne geheimnisvollen Laubengängen, ist Ort für Träume und Sehnsüchte. Entlang der Königsstraße/B1 sind rechts und links Parkstreifen angelegt, da passt auch mal ein Wohnmobil hin. (spsg.de)

Großer Wannsee mit Yachthafen und gegenüberliegendem Strandbad

MÄRCHENLAND PFAUENINSEL

Unterhalb des Casinos, immer nah am Havelufer entlang, geht es für Spaziergänger und Wanderfans auf knapp fünf Kilometern bis zur Pfaueninsel – ideal für Joggingrunde, Sonntagsspaziergang oder flotte Wanderung, gespickt mit herrlichen Ausblicken auf Wasser und Park. Nach dreieinhalb Kilometern ist eine kurze Fährüberfahrt mit der ältesten Fährverbindung Berlins nötig, um über die Havel zu kommen. Doch dann wartet die als »märchenhaft« beschriebene Insel mit Rosengarten, Kavaliershaus und natürlich der Pfauen-Voliere. Zu beachten: Hunde und Fahrräder sind auf der Insel nicht erlaubt.

Freien Auslauf für die geliebten Fellnasen bietet das auf dieser Havelseite zwischen Glienicker Schloss und Fähranleger Pfaueninsel gelegene Hundeauslaufgebiet Wannsee-Düppel, in der Nähe des Parkplatzes Nikolskoer Weg.

PACK DIE BADEHOSE EIN

Der beliebte Gassenhauer beschrieb 1951 das Lebensgefühl der Berliner, wenn es »raus nach Wannsee« ging, in die Badewanne Berlins. Wannsee steht im Bezirk Steglitz-Zehlendorf zugleich für den Ortsteil und den »See«, der eigentlich eine Bucht der Havel ist. Noch heute ist er beliebt für jegliche Art von Wassersport, als Treffpunkt nach der Arbeit oder um in der Natur spazieren zu gehen. Eine Kopie des Flensburger Löwen schaut täglich am Großen Wannsee aufs Wasser und wenn man es ganz genau nimmt, auf das gegenüberliegende, real existierende, 1907 erbaute Strandbad Wannsee am Ostufer. Es gilt als eines der größten Freibäder Europas an einem Binnengewässer und erfreut sich, sicherlich auch wegen seines über einen Kilometer langen Sandstrands, nach wie vor großer Beliebtheit. In unmittelbarer Nähe des Löwen befindet sich das Haus der berühmten wie berüchtigten Wannsee-Konferenz vom Januar 1942, heute Gedenk- und Bildungsstätte. (ghwk.de)

BERLINER LUFT IM WALD

Bezirk und Forst Grunewald mit 22,33 Quadratkilometer Fläche teilen sich erneut einen Namen. Das rund 3 000 Hektar große Waldgebiet liegt zwischen den westlichen Berliner Bezirken Charlottenburg-Wilmersdorf und Steglitz-Zehlendorf und eignet sich hervorragend zum Entspannen, Wandern und Fahrrad fahren. Der Grunewaldturm, ein 55 Meter hoher Backsteinturm mit Aussichtsplattform, bietet einen beeindrucken Rundumblick. Die zahlreichen Villen im Bezirk Grunewald sind seit über 130 Jahren eine äußerst exklusive Wohnadresse.

Berlin ist von Wasserwegen und Seen umgeben, hier Großer Wannsee.

12

AM UFER DES TEUFELSEES und im ältesten erhaltenen Wasserwerk Berlins gelegen, bietet das Naturzentrum Ökowerk Berlin ein attraktives Programm für die ganze Familie. Themen-Waldausflüge, GPS Erkundungstouren, Informationen rund um Klima- und Umweltschutz, das Infozentrum Wasserleben und vieles mehr. Ruhetage sind Montag und Dienstag. Für alle, die nach einer Wanderung und Erkundungstour hungrig oder durstig sind, bereitet das Bistro freitags, samstags sowie sonn- und feiertags Vollwertkost zu. (oekowerk.de)

SCHLOSS CHARLOTTENBURG

Wieder waren es die Preußischen Könige, die diesmal im Stadtteil Charlottenburg das attraktive Schloss und den beeindruckenden Schlossgarten als Sommerresidenz erbauen ließen. Schönheit liegt bekanntlich im Auge des Betrachters, aber hier lässt wirklich Versailles herzlich grüßen. In der im französischen Stil gestalteten Barockparkanlage ist Lustwandeln vorprogrammiert. Also warum nicht mal hier flanieren wie bei Hofe, dabei meditieren und den Gedanken freien Lauf lassen? Für alle, die es weniger sphärisch mögen, sind zusätzlich zum Barockgarten zwischenzeitlich ein moderner Kinderspielplatz und der neu interpretierte Schmuckgarten auf dem Gelände hinzugekommen. Kunstinteressierte Kinder und deren Eltern finden sicherlich Gefallen am extra erstellten Kunstführer »Park Charlottenburg für Kinder«. (www.spsg.de)

◀ Schloss Charlottenburg ▶ Grünflächen im Volkspark Humboldthain

Aussichtsplattform Flakturm Humboldthain

SCHWIMMEN IST GESUND, schwimmen in der Alten Halle des historischen Stadtbads Charlottenburg ist auch architektonisch ein Traum. 1896/98 als Jugendstilbad erbaut, steht das Gebäude, heute ältestes Hallenbad Berlins, seit 1982 unter Denkmalschutz. Stadtbad Charlottenburg »Alte Halle«, Krumme Straße 10, 10585 Berlin-Charlottenburg

UNTERWELTEN UND VOLKSPARK

Im 19. Jahrhundert erbaut und Alexander von Humboldt gewidmet, entstand der Volkspark Humboldthain nach dem Zweiten Weltkrieg neu aus den Trümmern. Die grüne Oase im Ortsteil Gesundbrunnen des Stadtteils Wedding ist wichtiger Treffpunkt für Jung und Alt. Spaziergänger, Jogger und Radler teilen sich die Wege, Sonnenhungrige, Picknicker, Ballspieler, Yoga- und Slackline-Fans nutzen die weiten Grünflächen mit schattenspendenden Bäumen. Eine Winter-Rodelbahn und ein Sommerbad, Spielplätze sowie die beiden Aussichtsplattformen der ehemaligen Flaktürme sind beliebte Ausflugsziele, Orte der Entspannung und das Zuhause von Fledermäusen. Die Flaktürme waren, mit Flugabwehrkanonen bestückt, einst die größten Bunker in Berlin. Trotz Sprengung durch die Alliierten konnte der Berliner Unterwelten e.V. die Flaktürme am Humboldthain aus dem Zweiten Weltkrieg und einen Teil der Bunkerruine wieder begehbar machen. Führungen werden angeboten.

Arminius Markthalle, ideal für die kleine Pause

BOULDERBEREICH und 1 751 Quadratmeter Indoor-Kletterfläche sind Im Kletterzentrum des Deutschen Alpenvereins vorhanden. Alle, ob Anfänger mit Schnupperkurs oder Profi mit Wettkampfwand, finden hier das passende Angebot. Und für alle, die lieber draußen ihrem Hobby nachgehen: Die Bunkerwand Humboldthain ist eine von drei in Berlin befindlichen Outdoor-Kletteranlagen des DAVs. (dav-berlin.de.)

SKATEN RUND UM DIE UHR

Auf 1 000 Quadratmetern bietet der Skaterpark Poststadion in Moabit seit 2018 sagenhafte 24 Stunden Skatespaß. Kenner wissen, was sich hinter Flatrails, Ledges, Waves, Speed-Bumps, Manual Pad, Gap und Spine Wobble verbirgt, Zuschauer sind sicherlich ebenso gerne willkommen. Im Sportpark Poststadion befinden sich zudem eine Familiensportanlage, ein Street-Workout-Park, das DAV-Kletterzentrum sowie im direkt angrenzenden Fritz-Schloss-Park ein Hundegarten, eine Winter-Rodelbahn und eine 1,1 Kilometer lange Rundlaufstrecke. Zusammengefasst: der perfekte Aktivplatz! (sportparkpoststadion.de)

Tipp

1891 erstmals als 10. Markthalle Berlins eröffnet, ist die Arminius Markthalle in Berlin Mitte/Moabit seit 2010 Genusstempel mit leckerer Vielfalt unter historischem Dach. Einerseits herrschen hier Nostalgie und Tradition in der Architektur, mit Backsteinbau an der Fassade und Eisenkonstruktionen beim Dach und andererseits neue Food-Trends, pfiffige Gastronomie und echtes Handwerk. Abwechslungsreiche Marktstände mit frischen Lebensmitteln sind ein Genuss fürs Auge und den Gaumen. Geöffnet Montag bis Samstag. (arminiusmarkthalle.com)

GEFANGEN IM GRÜN

Derart gut getarnt durch hohe Mauern, umweht den Geschichtspark Zellengefängnis Moabit noch immer ein Hauch von Geheimtipp. Dass Berlin zu jeder Zeit gut ist für abstrakte Ideen und außergewöhnliche Konzepte, wird mit der Grünanlage auf dem Areal der ehemaligen Haftanstalt erneut bestätigt, zumal die fünf Meter hohen Gefängnismauern stehen blieben. Der Ort der Erinnerung und Erholung liegt direkt gegenüber dem Hauptbahnhof. Vor den Stadtmauern ab 1842 mit 520 Einzelzellen erbaut, wurde das Gefängnis aufgrund von unmenschlichen Haftbedingungen 1955 geschlossen und 1958 in Teilen abgerissen. Trotzdem ist es den Gestaltern des Geschichtsparks gelungen, die damals vorherrschende, bedrückende Enge darzustellen. Infotafeln erläutern Geschichte und Schicksale. So hat hier Schuster Wilhelm Voigt, der später als Hauptmann von Köpenick Berühmtheit erlangte, eingesessen. Lehrter Str. 5B, 10557 Berlin

CHILL-AREA MAUERPARK

Vom Todesstreifen zur Grünanlage: Wo heute das Sitzen auf grünem Rasen, den Sprayern bei der Entstehung ihrer Kunstwerke zuschauen oder dem Gitarrenspieler verzückt zuhören zum Alltag gehört, trennte bis 1989 der Mauerstreifen die beiden Teile Berlins. Zwischen Prenzlauer Berg und Wedding ist der Mauerpark entstanden oder besser, nach dem Mauerfall eigneten sich Bürgerinitiativen den vorhandenen Raum der abgebauten DDR Grenzanlagen an. Ab 1992 entstand der Mauerpark als Lichtung in der Stadt, die stets an Fläche erweitert wird. Die Chill-Area für die Bevölkerung wurde ergänzt durch die Bereiche Toben und Spielen mit

12

Wassermatschplatz und Basketball-Court. Zum sonntäglichen Flohmarkt im Mauerpark ist ein Streetfood-Markt entstanden. Entsprechend beliebt und belebt zeigt sich der Bereich nahe der Bernauer Straße. Hier befinden sich zudem die Zeichen der Geschichte, Reste der DDR-Grenzanlagen mit Infotafeln und Markierungen.

NICHT ORIGINAL, aber originell. Das Ost-West-Café liegt an der Ecke Brunnenstraße/Bernauer Straße und widmet sich neben Frühstückangebot und Bistrogerichten mit seiner Einrichtung der Ost-West-Geschichte mit DDR-Exponaten.

GEDENKSTÄTTE BERLINER MAUER

Die Mauer gehört zu Berlin wie die Teilung zu Deutschland. Wer nach über 30 Jahren, in denen die Teilung nun bereits Vergangenheit ist, Interesse hat, mehr über die Bernauer Straße, den Bau der Mauer und die Schicksale der Menschen in Ost und West zu erfahren, ist im umfangreich ausgestatteten **Besucherzentrum der Gedenkstätte Berliner Mauer** in der Bernauer Straße 119 richtig. Alle Fußgänger, die den Weg vom Besucherzentrum Richtung Mauerpark laufen, werden die Stelen, das Mauer-Teilstück, die Fenster des Gedenkens und die Infotafeln entdecken, die alle gemeinsam den Verlauf und die Tragik der Mauer symbolisieren, aber auch für die nachfolgenden Generationen als Mahnmal dienen. Nirgends ist die Nähe und zugleich die damalige Unerreichbarkeit von Ost und West derart plakativ dargestellt und greifbar wie hier. (berliner-mauer-gedenkstaette.de)

◀ Beliebte Chill-Area Mauerpark ▶ Sprayer im Mauerpark

◀ Ehemaliger Mauerverlauf Bernauer Straße ▲ Info zu den DDR-Grenzanlagen am Mauerpark ▼ Besucherzentrum Gedenkstätte Berliner Mauer

Der Prenzlauer Berg liegt im südlichen Teil des Bezirks Pankow. Mit lässigem Lifestyle und dem Trubel auf Helmholtz- und Kollwitzplatz, der Wahnsinns-Atmosphäre in der Kultur- und Veranstaltungsstätte Kulturbrauerei und dem lebendigen wie internationalen Flair dieses Berliner Originals begeistert der Szenekiez Bewohner und Berlin-Besucher.

Tipp

AUF DEM FRIEDHOF SPIELEN

Was vorrangig makaber klingt, ist in Berlin Alltag im Leise-Park, der seinen Namen übrigens bewusst und zu Recht trägt. Die 2012 eröffnete Grünanlage dient Anwohnern und Gästen als Ruhe-Oase und Rückzugsort, genau so, wie von den Bürgern des Stadtteils im Jahr 2010 geplant. Naturnahe Spielflächen grenzen an leicht verwilderte Friedhofsanlagen an. Heinrich-Roller-Straße, Prenzlauer Berg

VEGANEN BRUNCH gibt es jedes Wochenende im »Kopps«. Im Angebot sind warme und kalte Speisen, Müsli, Aufstriche, Kuchen und Pancakes, glutenfreie Varianten auf Nachfrage. Einen Tisch zu reservieren, lohnt sich. (kopps-berlin.de)

◀ Hauptmann von Köpenick vor dem Rathaus ▲ Köpenicker Schloss an der Dahme ▼ Müggelturm, südlich vom Müggelsee

SEHNSUCHTSORT KÖPENICK

Für mich ist Ankommen in Köpenick stets wie ein Eintauchen in eine andere Welt. Ich liebe den Blick auf das Schloss und die Schlossinsel, die sanft schaukelnden Boote in den Wellen der Dahme und die glitzernde Sonne. Der südlich von Berlin gelegene Stadtteil Köpenick im Bezirk Treptow Köpenick entstand im 7. Jahrhundert aus einer slawischen Fischersiedlung. Heute steht das Schloss Köpenick an der Stelle der früheren slawischen Burg. Für Touristen stehen verständlicherweise Wassersport und Erholung auf dem Plan und der legendäre Hauptmann von Köpenick – nämlich der Schuster Wilhelm Voigt – in Bronze gegossen vor dem »roten« Rathaus. Sein Vergehen im Oktober 1906 zog über die Grenzen hinaus das Interesse der Presse auf sich und wurde zudem Stoff für Carl Zuckmayers Theaterstück. Er drang als Hauptmann verkleidet ins Köpenicker Rathaus ein, verhaftete den Bürgermeister und raubte die Staatskasse, um zehn Tage später, als Hochstapler überführt, festgenommen zu werden. Die Promenade an der Dahme ist neben der Schlossinsel Platz für das jährlich stattfindende Winzerfest und täglich zur Zeit des Sonnenuntergangs zum Flanieren und als Treffpunkt sehr beliebt. Der Schiffsanleger für die Fahrgastschifffahrt befindet sich ebenfalls dort.

YACHTCHARTER für »Camping auf dem Wasser«. Gegenüber dem Schloss Köpenick ist die Spree Marine GmbH, Basis Köpenick, mit ihren Linssen-Yachten zu Hause. Wer für ein paar Tage das Wohnmobil gegen eine wirklich exklusive Yacht und Touren auf den Berliner Wasserwegen eintauschen will, ist hier richtig. (spreemarine.de)

MÜGGELTURM

Die Aussicht ist bei schönem Wetter ein Traum, der Blick reicht unter anderem bis zum Müggelsee, zu Tropical Islands am Spreewaldrand und bis zum Alexanderplatz. Wiedereröffnet und mit fünf Terrassen und Außengastronomie ausgestattet, wurde das schon früher beliebte Ausflugsziel erneut zum gerne frequentierten Mittelpunkt im Berliner Südosten. Entweder 1 000 Meter oder 200 Meter entfernt befinden sich Parkplätze, die während der Woche noch Platz für ein Wohnmobil bieten. (müggelturm.berlin)

WASSERSPASS AM MÜGGELSEE

Im Südosten der Stadt liegt der Müggelsee, mit knapp 7,5 Quadratkilometer der größte See im Berliner Stadtgebiet. Geteilt in den großen und den kleinen Müggelsee befindet er sich im Stadtteil Treptow-Köpenick. Das umliegende Waldgebiet lädt zum Wandern und Radfahren ein. Ob Fahrgastschifffahrt oder individueller Freizeitkapitän, hier ist Wasserspaß garantiert. In acht Kilometern führt der Radweg zudem von Müggelheim bis Köpenick. Das Strandbad liegt am Nordufer des Sees, Fürstenwalder Damm 838, ist auch bekannt als Strandbad Rahnsdorf. Direkt nebenan befindet sich ein FFK-Strand.

◀ Großer Müggelsee ▶ Kleiner Müggelsee

12

AM KLEINEN MÜGGELSEE bietet die Pizzeria De Mare frische Pizza und Pasta, Kaffee, Kuchen und Eis, serviert auf der zum See gelegenen Sonnenterrasse. Und um danach Kalorien abzustrampeln, liegen beim Bootsverleih nebenan Tret- und Ruderboote oder Kanu und Kajak. Neuhelgoländer Weg 7, 12559 Berlin

TEMPELHOFER FELD

Einmal über ein echtes Rollfeld laufen, das Skateboard unter den Füßen spüren oder im Fahrradsattel das Gefühl von Abheben fühlen. Die Markierungen sind noch vorhanden, die echten Flugzeuge müssen jedoch drüberwegfliegen. Das Tempelhofer Feld hat sich nach und nach von der ehemaligen Landebahn des legendären Berliner Flughafens Tempelhof zur Freizeit-Oase und Sportmeile, zum Laufpark mit Grünflächen und zum Naherholungsgebiet der Städter verwandelt. Das **Gemeinschaftsgartenprojekt Allmende-Kontor**, bei dem rund 500 Menschen gärtnern, war eines der ersten Projekte, das sich 2011 auf den großzügigen Flächen des nach der Schließung verwaisten Flughafens ansiedelte. Der mittlere Bereich hat den passenden Namen »Wind Weite Wildnis«, während sich auf der einen Seite ein eigener Hundeauslauf, auf der anderen Seite hingegen die Feldlerchenschutzfläche befindet.

Naherholungsgebiet und Freizeit-Oase Tempelhofer Feld

Gemeinschaftsgarten Prinzessinnengarten-Kollektiv

Wo einst Rosinenbomber die geteilte Stadt am Leben erhielten, stehen heute Eisverkäufer, wird Federball gespielt, in drei ausgewiesenen Gebieten gegrillt oder mit Kind und Kegel, Familie, Freunden oder allein gechillt. Es ist ein buntes Miteinander, das begeistert. Autos sind nicht zugelassen, außer ein Krankenwagen versieht seinen Dienst. Bei aller Freiheit und Weite hat das Tempelhofer Feld jedoch fest eingeteilte Zonen für beispielsweise Ballspiel, Grillen, Modellautos, Windsport wie Kitelandboarding und Kitebuggy sowie tägliche Öffnungszeiten, die von den Jahreszeiten abhängig sind. Haupteingang, auch barrierefrei, Columbiadamm 124. Eine Anreise mit öffentlichen Verkehrsmitteln ist empfehlenswert.

PRINZESSINNENGARTEN BERLIN

Auf dem Neuen St. Jacobi Friedhof in Berlin Neukölln befindet sich der Gemeinschaftsgarten des Prinzessinnen-Kollektiv Berlin. 2009 am Moritzplatz/Kreuzberg auf einer knapp 6 000 Quadratmeter großen Brachfläche gegründet, entsteht nun auf 7,5 Hektar ein Gemeinschaftsgarten inmitten dieses 100 Jahre gewachsenen Naturraums. O-Ton: »Hier versuchen wir im Einklang mit den Bedürfnissen aller Nutzer*innen den Garten gemeinschaftlich wachsen zu lassen.« Der offene Umweltbildungstag für Kinder findet mittwochs von Mai bis Oktober statt, offene Gartenarbeitstage zum Mitgärtnern und Kennenlernen sowie offene Gartentreffen bietet das Prinzessinnengarten-Kollektiv regelmäßig an. Gartencafé und Gartenküche haben in der Saison von April bis Oktober bei gutem Wetter täglich auch für Besucher geöffnet. (prinzessinnengarten-kollektiv.net)

Chillen am Wasser, Erholung mitten in der Stadt

ENTDECKERREISE IN DIE EVOLUTION

Ein paar Stunden genügen natürlich nicht, um dem umfangreichen wie spannenden Inhalt des **Museums für Naturkunde** auch nur annähernd gerecht zu werden. Doch wer weiß, vielleicht ist ein erster Besuch der Auftakt zu einer besonders innigen Verbindung. Schließlich ist Berlin immer eine Reise wert.

Doch was versteckt sich alles hinter den denkmalgeschützten Mauern? Das »Museum für Naturkunde – Leibniz-Institut für Evolutions- und Biodiversitätsforschung«, wie es vollständig heißt, ist ein integriertes Forschungsmuseum der Leibniz-Gemeinschaft. Es gehört zu den weltweit bedeutendsten Forschungseinrichtungen auf dem Gebiet der biologischen und geowissenschaftlichen Evolution und Biodiversität. Dauerausstellungen und regelmäßige Sonderausstellungen ermöglichen der Öffentlichkeit einen erstklassigen Einblick in die aktuelle Forschung des Museums. Denn statt einzig nur alte Steine, Büsten oder Knochen zu präsentieren, stehen hier originale Forschungsobjekte im Vordergrund. Besucher erkunden sozusagen auf einer eigenen Forschungsreise Themen und erleben so die Evolution in Aktion. Erwähnenswert ist auch das Projekt »Natur in Berlin«. Hierfür setzen sich unterschiedliche Partner in enger Zusammenarbeit und mit einer Vielzahl von Ansätzen und Aktivitäten ein, die Natur in Berlin zu erkunden und zu erforschen. (museumfuernaturkunde.berlin)

12

CHILLIGE STADTSTRAND-LOCATIONS entlang von Spreeufer und Landwehrkanal sind beliebte Treffpunkte und zugleich Entspannungsorte für Städter und Touristen. Einfach mal die Augen offenhalten, wo gerade wieder eine Strandbar Kaffeespezialitäten oder Cocktails serviert und den Lifestyle auf sich wirken lassen.

BERLIN KLASSISCH

Das erste Mal Berlin und die Hotspots der Sehenswürdigkeiten sind irgendwie ein Muss – vom Brandenburger Tor die Straße des 17. Juni entlang, von dem nun links liegenden Großen Tiergarten auf die Siegessäule schauen, in der anderen Richtung am Hotel Adlon vorbei Unter den Linden flanieren. Vom Brandenburger Tor nach Norden gerichtet, befindet sich das Reichstagsgebäude, das Bundeskanzleramt und der Spreebogenpark mit Fußgängerbrücke zum Hauptbahnhof.
Der Gendarmenmarkt im Stadtviertel Friedrichstadt gilt als schönster Platz Berlins. Zu entdecken sind das Schauspielhaus von Karl Friedrich Schinkel, zudem der Deutsche und der Französische Dom von Carl von Gontard. Die Platzgestaltung gilt heute als bedeutendes Zeugniss der Postmoderne in der ehemaligen DDR und wurde im Februar 2021 unter Denkmalschutz gestellt.

◀ Reichstag, vorne Quadriga Brandenburger Tor ▶ Bundeskanzleramt

12

Die Museumsinsel zählt seit 1999 zum UNESCO-Welterbe und beindruckt mit Altem und Neuem Museum, Bode-Museum, Pergamonmuseum und der James-Simon-Galerie, dem Eingangsgebäude und Besucherzentrum der Museumsinsel sowie dem Berliner Dom. Neu zum Ensemble zukünftiger klassischer Berlin-Routen zählt sicherlich das Humboldtforum als Ersatz für das 1950 gesprengte Berliner Schloss.

Das Nikolaiviertel liegt schräg gegenüber der Berliner Museumsinsel und ist das älteste Siedlungsgebiet der heutigen Hauptstadt. Während der Ost-Berliner Zeit mit rekonstruierter Nikolaikirche wiederaufgebaut, ist das Viertel heute Baudenkmal, im Ortsteil Mitte gelegen und wirklich sehenswert.

Die Hackeschen Höfe stehen seit 1977 unter Denkmalschutz und bilden gegenüber dem Hackeschen Markt und mit gestalteter Straßenfassade ein einzigartiges Ensemble auf 27 000 Quadratmetern. Insgesamt acht Höfe vereinten Anfang des 20. Jahrhunderts die Themen Arbeiten, Leben und Wohnen inklusive kultureller Nutzung, ausgerichtet an der Lebensreform-Bewegung. Noch heute bieten die Hackeschen Höfe Platz für rund vierzig Gewerbetreibende, Kulturschaffende und Wohnungen. Die Innenhöfe sind mit einer Mischung aus Läden, Kultur, Cafés und Nachtleben zu jeder Tageszeit Anziehungspunkt für Berliner Bürger und Besucher. Zu finden sind sie in der Spandauer Vorstadt, nördlich des Alexanderplatzes.

MUSEUMSPASS BERLIN, öffnet für drei Tage mit einer Eintrittskarte 30 Häuser! Mit von der Partie sind unter anderem alle staatlichen Museen Berlins. Erhältlich ist das Ticket in den Berliner Touristinfos, in allen teilnehmenden Museen und online. Eine Liste der teilnehmenden Museen sowie Onlinetickets gibt es unter smb.museum.

DER BLICK VON OBEN

Spätestens wenn einem Berlin zu Füßen liegt, erwacht die Liebe und Bewunderung zur größten Stadt Deutschlands. Vom Berliner Fernsehturm am Alexanderplatz aus 203 Metern Höhe ist es für Ersttäter fast ein »Must-See«, den spektakulären 360 Grad Rundumblick über die Hauptstadt zu genießen. Eine Reservierung ist ratsam. (tv-turm.de)

Blick vom Berliner Fernsehturm

Selbstverständlich gibt es noch weitere »Aussichtstürme« in Berlin wie verschiedene Rooftop-Bars, die oftmals an Hotels angeschlossen sind. Jedoch keiner ist so enorm hoch und inklusive echtem Rundumblick.

WAS NOCH INTERESSANT IST

Berlin lebt Fülle und gibt diese gerne und mit Freude an die Besucher weiter. Die abwechslungsreichen Ausflugstipps und Sightseeing-Varianten auf den vorigen Seiten sind für den einen oder anderen sicherlich ein neuer und an einem Wochenende nicht zu schaffender Rundumschlag durch eine Stadt, die niemals schläft. Schließlich will die Hauptstadt auch für den nächsten Urlaub und Kurztrip weiter auf- und anregend bleiben.

GOLFEN UND BERLIN

Großzügige Grünflächen in Berlin sind kein Widerspruch zum Stadtleben, sondern die perfekte Ergänzung. Dies gilt für unterschiedliche Golfclubs, -plätze und -anlagen, mal näher, mal weiter weg von der Stadtmitte. Und wenn das Wetter richtig schlecht ist, hilft der Indoor-Golfclub. (www.visitberlin.de/de/golfen-berlin)

Schiffsanleger Fahrgastschifffahrt

Tipp

Ein Konzert auf der Waldbühne Berlin vergisst man nie mehr! Es ist einfach atemberaubend, diese gigantische Open-Air-Location erleben zu dürfen. Einmal im Jahr spielen die Berliner Philharmoniker ihr berühmtes Konzert, das mit dem Titel »Berliner Luft« und einer einzigartigen akustischen Begleitung des Publikums bei vielen Besuchern garantiert mit »Gänsehaut« endet. (waldbuehne-berlin.de)

FAHRGASTSCHIFFFAHRT IN BERLIN

Eine Region entdecken, erkunden, kennen- und liebenlernen ist auf vielerlei Arten möglich. Zu Fuß, bei organisierten Stadtrundfahrten, aber auch von oben oder per Schiff auf Seen, Flüssen und Kanälen. Die so gewonnenen Eindrücke unterscheiden sich dabei in Perspektive und persönlicher Wahrnehmung. Gerade die Fahrgastschifffahrt hat in vielen Stadtteilen Berlins eine herausragende Stellung. Mal kurz per Fähre über den Fluss oder alternativ die stundenlange große Seenrundfahrt. Zu erleben sind auf verschiedenen Routen, Zeitspannen und Anlegestellen die schönsten Touren entlang von City, Havel, Spree und Seen. (sternundkreis.de)

ZERO WASTE LIFESTYLE

Nachhaltig einkaufen ohne Verpackungsmüll, der kleine Original Unverpackt Supermarkt in der Wiener Straße 16 gehört seit 2014 zu den ersten Unverpackt Läden Deutschlands. Das Team gibt gerne Tipps und Informationen rund um die Themen Nachhaltigkeit, Trends im Einzelhandel und Zero Waste weiter. (original-unverpackt.de)

AUF EINEN BLICK

Info

STADT/REGION: Berlin
BESTE REISEZEIT: Ganzjährig
OPTIMALE REISEDAUER: 1 Woche
TOURISTINFO:
Berlin, Tel. 030/25 00 23 33, hallo@visitberlin.de, visitberlin.de
Brandenburger Tor, Pariser Platz (südliches Torhaus)
Hauptbahnhof, Erdgeschoss (Eingang Europaplatz)
Europa-Center, Tauentzienstraße 9 (EG)
Spandau, Breite Straße 32, Tel. 030/33 39 388, info@visitspandau.de
Köpenick, Alt-Köpenick 31–33 (Schlossplatz), Tel. 030/65 48 43 48, touristinfo@tkt-berlin.de
Oranienburg, Schloßplatz 2, 16515 Oranienburg, Tel. 03301/60 08 110, info@tourismus-or.de, oranienburg-erleben.de

SEHENSWÜRDIGKEITEN

SCHLOSS UND PARK GLIENECKE: Königstraße 36, 14109 Berlin (Steglitz-Zehlendorf/Wannsee), Tel. 0331/96 94 200, info@spsg.de, spsg.de
STRANDBAD WANNSEE: Wannseebadweg 25, 14129 Berlin (Steglitz-Zehlendorf/Wannsee), Tel. 030/22 19 00 11, kundenbetreuung@berlinerbaeder.de, berlinerbaeder.de
NATURSCHUTZZENTRUM ÖKOWERK: Teufelsseechaussee 22, 14193 Berlin (Charlottenburg-Wilmersdorf/Grunewald), Tel. 030/30 00 050, info@oekowerk.de, oekowerk.de
VOLKSPARK HUMBOLDTHAIN: Brunnenstraße, 13357 Berlin (Mitte/Gesundbrunnen), berlin.de
SPORTPARK POSTSTADION: Rathenower Straße 12, 10559 Berlin (Mitte/Moabit), Tel. 030/90 18 26 013, sportamt@ba-mitte.berlin.de, sportparkpoststadion.de
MAUERPARK: Eberswalder Straße 1, 10437 Berlin (Pankow/Gleimviertel), berlin.de

AUF EINEN BLICK

MÜGGELTURM: Straße zum Müggelturm 1, 12559 Berlin (Treptow-Köpenick/Köpenick), Tel. 030/65 48 99 50, info@ugmg.eu, mueggelturm.berlin
TEMPELHOFER FELD: Tempelhofer Damm/Columbiadamm, 12101 Berlin (Tempelhof-Schöneberg/Tempelhof), Tel. 030/70 09 06 710, service@gruen-berlin.de, gruen-berlin.de, thf-berlin.de
MUSEUM FÜR NATURKUNDE: Invalidenstr. 43, 10115 Berlin (Mitte/Mitte), Tel. 030/88 91 40 85 91, info@mfn.berlin, museumfuernaturkunde.berlin
BERLIN KLASSISCH: Tel. 030/25 00 23 33, hallo@visitberlin.de, visit-berlin.de

STELLPLATZ WOHNMOBIL OASE

ADRESSE: Hochstraße 4, 13357 Berlin (Gesundbrunnen/Bezirk Mitte), Mobil 0175/24 66 247, camping@wohnmobil-oase-berlin.com, wohnmobiloase.com
ANFAHRT: Orientierung Humboldthain und Bezirk Gesundbrunnen, Zufahrt zum Stellplatz (außerhalb der Umweltzone) an Ecke Böttgerstraße/Hochstraße
GPS: 52.548746, 13.383966

◀ Stellplatz Angermann Spandau ▶ Stellplatz Schlosshafen Oranienburg

Ganzjährig geöffneter, eng parzellierter Stellplatz für ca. 100 Mobile auf Beton/Schotter-Untergrund. V/E, Dusche/WC-Container, ÖPNV-Anbindung. Gewinnt keinen Schönheits- oder Budgetpreis, punktet aber mit seiner zentralen und dennoch ruhigen Lage. 200 m bis zur S-Bahn-Station Gesundbrunnen und von dort in wenigen Minuten bis zur Stadtmitte. Parkanlage Humboldthain mit Bad, Rosengarten und Flakturm in direkter Nachbarschaft. Idealer Standort für die Erkundung Berlins.

STELLPLATZ REISEMOBILHAFEN

ADRESSE: Askanierring 70, 13587 Berlin (Spandau), Tel. 030/35 50 60 74, womotreff.de
ANFAHRT: In Spandau an der Kreuzung Fehrbelliner Tor/Schönwalder Straße/Askanierring orientieren und vom Askanierring auf den Stellplatz (außerhalb der Umweltzone) einfahren
GPS: 52.553963, 13.200584
Ganzjährig geöffneter Stellplatz für 180 Mobile auf Pflaster- und Rasenschotter-Untergrund. Komplette, aber renovierungsbedürftige Infrastruktur. Gute Lage, um Berlin mit dem Fahrrad oder ÖPNV zu erkunden und ca. 30 Gehminuten von der Spandauer Altstadt entfernt.

STELLPLATZ BOOTSSTÄNDE ANGERMANN

ADRESSE: Am Pichelssee 48–50, 13595 Berlin (Spandau), Tel. 030/36 12 084, office@bootsstaende-angermann.de, bootsstaende-angermann.de
ANFAHRT: Von der Heerstraße (B2) abbiegen in die Straße Alt-Pichelsdorf, übergehend in Am Pichelssee und der Straße bis zur Marina-Einfahrt auf der linken Seite folgen (Metalltor Nr. 50, noch vor Rudererweg), außerhalb der Umweltzone
GPS: 52.509667, 13.199410
Von Mitte Mai bis Ende September geöffneter Stellplatz für neun Mobile auf Schotteruntergrund. Komplette Infrastruktur, Boots- und E-Bike-Verleih, ÖPNV-Anschluss. Gastronomische Angebote fußläufig. Trotz zentralem Standort sehr ruhig und idyllisch auf einer Halbinsel und an

AUF EINEN BLICK

einer Marina gelegen. Idealer Ausgangsort für Spaziergänge (Scharfe Lanke), Spaziergänge mit Hund (Stößensee), Fahrradtouren (Untere Havel Wasserstraße) und alle Besichtigungen in Berlin.

STELLPLATZ AM SCHLOSSHAFEN ORANIENBURG

ADRESSE: Rungestraße 47, 16515 Oranienburg, Tel. 03301/20 31 35, Mobil 0171/55 52 013, hafenmeister@oranienburg.de, oranienburg-erleben.de

ANFAHRT: In Oranienburg Richtung Schlosspark und Schlosshafen orientieren und in die Hafeneinfahrt an der Rungestraße einbiegen

GPS: 52.758132, 13.238219

Ganzjährig geöffneter, parzellierter Stellplatz für 26 Mobile auf Pflasteruntergrund. Komplette Infrastruktur. Sehr gepflegte Anlage in ruhiger und schöner, kleiner Marinalage mit Blick auf Havel und das Barockschloss. Einkaufs- und Gastronomieangebote in der Nähe, Schlosspark und Altstadt in kurzer Gehdistanz. Vom Bahnhof (15 Gehminuten) besteht im 20 Minuten-Takt Bahn-Anbindung nach Berlin (30 Fahrminuten).

STELLPLATZ AM STRANDBAD PLÖTZENSEE

ADRESSE: Nordufer 26, 13351 Berlin (Wedding), Tel. 030/85 97 64 25, Mobil 0163/91 75 767, stellplatz@ploetzensee.de, stellplatz.ploetzensee.de

ANFAHRT: Von der Seestraße in das Nordufer abbiegen und nach ca. 300 m auf der rechten Seite in die Stellplatz-Zufahrt einfahren

GPS: 52.541294, 13.329980

Ganzjährig geöffneter, überwiegend naturbelassener Stellplatz für ca. 25 Mobile auf befestigtem Untergrund mit Rasen. Komplette, teilweise noch im Umbau befindliche Infrastruktur. Gastronomische Einrichtungen, Freibad, Badesee, Spielplatz. ÖPNV-Anschluss fußläufig. Zwischen Wedding und Charlottenburg-Nord auf dem Gelände des historischen Strandbades am Plötzensee mit weitläufigen Grünflächen gelegen. Sehr guter Standort, um mit öffentlichen Verkehrsmitteln oder Fahrrad ins Berliner Zentrum zu fahren.

▲ Strandbad Plötzensee ◀ Stellplatz am Strandbad Plötzensee
▶ Stellplatz Yachthafen Historisches Fährhaus

STELLPLATZ YACHTHAFEN HISTORISCHES FÄHRHAUS

ADRESSE: Müggelbergallee 1, 12557 Berlin (Köpenick), Tel. 030/65 47 44 25, Mobil 0172/87 69 803, info@reisemobilstellplatz-berlin.de, wohnmobilstellplatz-berlin.de
ANFAHRT: Von der Müggelheimer Straße in die Wendenschloßstraße abbiegen, weiter bis zur Kreuzung mit der Müggelbergallee, dort rechts abbiegen bis kurz vor die Fähranlegestelle, Zufahrt rechts (außerhalb der Umweltzone)
GPS: 52.418567, 13.587646
Ganzjährig geöffneter Stellplatz für 14 Mobile auf Kiesuntergrund. Komplette Infrastruktur, Biergarten, Sauna, Bootsverleih, Yachtcharter. Teilweise enge Stellplätze, Sanitäreinrichtungen verbesserungsfähig. Gastronomische Angebote direkt am Fähranleger, ÖPNV-Anbindung in der Nähe. Schöner Standort direkt am Wasser. Im Naherholungsgebiet Köpenick-Wendenschloss gelegen, am Ufer der Dahme, gegenüber von Berlin-Grünau. Fußläufig zum Strandbad Wendenschloss (1 km) und Müggelturm (3 km).

ORTS- UND SACHREGISTER

CAMPING- UND STELLPLÄTZE

IMPRESSUM

Verantwortlich: Kerstin Thiele
Lektorat: Susi Reiser
Layout- und Umschlaggestaltung:
Helene Schumacher
Satz: Silke Schüler
Repro: LUDWG:media
Kartografie: Huber Kartografie
Herstellung: Anna Katavic

Printed in Slovenia by Florjancic

Unser komplettes Programm finden Sie unter www.bruckmann.de

★★★★★

Sind Sie mit diesem Titel zufrieden? Dann würden wir uns über Ihre Weiterempfehlung freuen. Erzählen Sie es im Freundeskreis, berichten Sie Ihrem Buchhändler, oder bewerten Sie bei Onlinekauf. Und wenn Sie Kritik, Korrekturen, Aktualisierungen haben, freuen wir uns über Ihre Nachricht an Bruckmann Verlag, Postfach 40 02 09, D-80702 München oder per E-Mail an lektorat@verlagshaus.de.

Alle Angaben dieses Werkes wurden von den Autoren sorgfältig recherchiert und auf den neuesten Stand gebracht sowie vom Verlag geprüft. Für die Richtigkeit der Angaben kann jedoch keine Haftung übernommen werden, weshalb die Nutzung auf eigene Gefahr erfolgt. Insbesondere bei GPS-Daten können Abweichungen nicht ausgeschlossen werden. Sollte dieses Werk Links auf Webseiten Dritter enthalten, so machen wir uns die Inhalte nicht zu eigen und übernehmen für die Inhalte keine Haftung.

In diesem Buch wird aus Gründen der besseren Lesbarkeit das generische Maskulinum verwendet. Weibliche und anderweitige Geschlechteridentitäten werden dabei ausdrücklich mitgemeint, soweit es für die Aussage erforderlich ist.

Bildnachweis: Alle Bilder im Innenteil, auf der Umschlagvorder- und rückseite stammen von den beiden Autoren Petra Lupp und Martin Klug, außer: Autorenfoto Petra Lupp: Fotografin Sylke Gall; Illustrationen: Shutterstock/Tiwat K: passim

Umschlagvorderseite: Ruhe genießen am idyllischen Oberuckersee bei Warnitz
Umschlagrückseite: Unterwegs auf malerischen Alleen in Brandenburg

Die Deutsche Nationalbibliothek verzeichnet diese Publikation in der Deutschen Nationalbibliografie; detaillierte bibliografische Daten sind im Internet über http://dnb.d-nb.de abrufbar.

ISBN 978-3-7343-2132-0